ビジュアル版

江戸の《新》常識

安藤優一郎

SBビジュアル新書

カバーイラスト／瀬川 尚志

はじめに

　江戸時代とは、江戸城を居城とする徳川家が将軍として君臨し、約260年の長きにわたって全国を支配した時代である。

　江戸初期と幕末を除き、国内で戦乱が起きなかったという、世界にも類を見ないほどの泰平の世だった。

　そうした政治的な安定が、国内経済を発展させ、華やかな文化を花開かせた。その象徴こそが、将軍のお膝元・江戸である。

　江戸の町は、時代劇や時代小説、歴史番組で取り上げられることもたいへん多い。関連書籍も数多く出版されており、その情報量自体はたいへん豊富である。

　しかし、深く掘り下げてみると、江戸の町についてのイメージが意外とあやふやなことに気づくのではないか。

　時代劇を見ていると「江戸御府内」という言葉がよく飛び交う。文政元年（1818）、幕府は江戸図に朱線（赤い線）を引き、その内側を"御府内"と定めた。江戸の町の範囲（朱引内と称する）に関する公式見解が示されたのだ。

　その範囲を現在の行政単位にあてはめてみると、東京都千代田区・中央区・港区・文京区・台東区の全域、そして新宿区・品川区・豊島区・渋谷区・北区・荒川区・墨田区・江東区の一部となる。東京23区全体で見ても、その半分ほどの大きさだ。

　現在の東京と比べると、驚くほど狭かったことがわかるが、こんな基本的な事実さえも、あまり知られていないのが実情なのである。

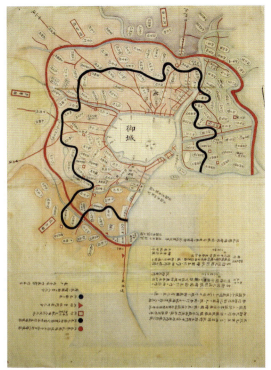

▲赤い線の内側が幕府が示した江戸の範囲。「旧江戸朱引内図」(東京都公文書館所蔵)

　本書では、江戸の町と、そこで生活をしていた人々の意外な真実を6章にわたって解説する。
　各章を読み進めることによって、江戸について私たちが抱いてきた「常識」が、必ずしも正しくなかったことが明らかになっていくに違いない。

第1章「江戸の町と住まい」では、百万都市・江戸の生活を支えたライフラインや住環境を取り上げる。生活の利便性を高めるため、武士も町人も、様々な知恵を絞っていた。

　第2章「江戸の食べもの」では、米中心だったと思われがちな江戸の食卓に注目する。江戸っ子たちは、魚、野菜、肉、果物、菓子など、バラエティーに富んだ食べ物を楽しんでいた。

　第3章「江戸のファッションと身だしなみ」では、人々の衣服や身だしなみに焦点を当てる。化粧や服装、髪型に対する女性のこだわりは、今も江戸も変わらなかった。

　第4章「江戸のビジネス」では、巨大都市ならではの町人たちの生業(なりわい)を取り上げる。江戸では、意外にも現代に相通じるようなレンタルビジネスやリサイクルビジネスが花盛りだった。

　第5章「江戸の恋愛」では、当時の男女関係に着目する。この章では、現代とは異なる恋愛観に驚かされるだろう。

　そして、最終章の「江戸のエンターテインメント」では、歌舞伎や相撲など、華やかな江戸の文化に焦点を当てる。興行を楽しむだけにとどまらず、祭礼や旅行などにおいて、自ら積極的にイベントを演出していた庶民の姿が垣間見えるはずだ。

　本書を通じて、読者の皆さんの「江戸」に対する見方が大きく変われば、著者としてはうれしい限りである。

　2018年10月　安藤優一郎

目 次 contents

はじめに …………………………………………3

第1章 江戸の町と住まい

- 日本橋は何でもアリのエンタメスポットだった！ ……… 12
- 江戸城の外堀は物資運搬に使われていた!? ……… 16
- 夜10時以降は町の外には出られなかった!? ……… 20
- 下級武士は副業で朝顔を育てていた!? ……… 24
- 長屋では6畳に一家族が住んでいた!? ……… 28
- 武士も町人も水道代を払っていた!? ……… 34
- 消火活動は「壊す」ことだった!? ……… 38
- 江戸っ子は夏の暑さを"滝"でしのいだ!? ……… 42
- 江戸は深刻なゴミ問題に悩まされていた！ ……… 46

第2章 江戸の食べもの

- 1日3食の起源は江戸時代だった!? …… 52
- 将軍はマグロを食べさせてもらえなかった!? …… 56
- 江戸はファーストフード天国だった! …… 60
- 江戸の漁獲量を支えたのは関西の漁民!? …… 66
- 江戸の庶民も肉を食べていた!? …… 70
- 小松菜の名付け親は"あの人"だった!? …… 74
- 江戸で人気の果物はみかんとぶどう!? …… 78
- 大名が将軍から菓子を受け取るイベントがあった!? … 82

第3章 江戸のファッションと身だしなみ

- 遊女の流行が着物のあり方を変えた? …… 88
- 出張理容サービスは驚きの安さだった!? …… 92
- ふんどしには3つの種類があった!? …… 98
- シャンプーは海藻＋うどん粉だった!? …… 102
- 湯屋の2階は情報スポットだった! …… 106
- 唇を緑色に光らせるメイクが流行した!? …… 110

第4章 江戸のビジネス

- 農民たちは江戸で「転職」を狙った!? ……… 116
- 身長で給料が決まる仕事があった!? ……… 120
- 江戸は宅配サービスが進んでいた!? ……… 124
- 町人が大名行列のメンバーにまぎれ込んでいた!? … 128
- 江戸ではリサイクルが当たり前だった! ……… 132
- 江戸っ子はふんどしもレンタルしていた! ……… 136
- 医師は免許制ではなかった!? ……… 140

第5章 江戸の恋愛

- 武士の結婚には幕府・藩の許可が必要だった! … 144
- 吉原通いは相当な出費だった! ……… 148
- 宿場は非公認の遊郭だった!? ……… 152
- 江戸にもラブホテルがあった!? ……… 156
- 女装した美少年と遊ぶスポットがあった!? ……… 160

第6章 江戸のエンターテインメント

- 関所を通るには"裏ワザ"があった!? ……… 166

- ●神田祭の神輿は江戸城に入城できた？ ……………… 170
- ●人気力士には大名がスポンサーになった!? ………… 174
- ●江戸の人々は見世物のラクダに仰天した!? ………… 178
- ●寺社は浮世絵を利用して参詣者を増やした!? ……… 182
- ●江戸の宝くじは当選金の7割しかもらえなかった!? … 186

参考文献 …………………………………………………… 190

> 本書では、当時の物価を現代の感覚で理解していただくために、1文=約25円、1両=約10万円で換算しております。ただし、貨幣価値は年代や経済状況によって異なります。あくまでもひとつの「目安」としての提示ですので、ご注意ください。

第1章 江戸の町と住まい

日本橋は何でもアリのエンタメスポットだった!

●「土一升に金一升」の町

　日本橋の歴史とは、江戸の歴史そのものであった。

　天正18年(1590)に北条家に代わって関東の太守となった徳川家康は、江戸城を居城に定めた。

　それまで江戸城は小田原城を居城(本城)とする北条家の支城のひとつに過ぎなかったが、家康は関東を治めるのにふさわしい城とするため、城下町の拡張工事に着手する。

　その際には城郭の整備もさることながら、江戸城そして周囲に屋敷を構える家臣たちに生活物資を供給するシステムの構築に力が入れられた。家康の旧領三河・遠江・駿河、そして上方から商人たちを呼び寄せ、江戸城近くに土地を与えた。江戸城や家臣の屋敷に出入りさせ、生活物資を納入させたのである。このとき呼び寄せた商人たちを住まわせた土地こそ、現在の中央区日本橋地域だった。

　慶長8年(1603)に家康が幕府を開き、服属した諸大名が参勤交代制により江戸に住むようになって、消費人口が急増すると、生活物資を納入する商人の役割もさらに大きくなる。

　それに伴い、江戸城や大名屋敷に出入りする御用達商人は莫大な富を蓄積し、日本橋=豪商の町というイメージが定着する。となれば、土地の値段が高騰するのは避けられない。

　「土一升に金一升」という言葉がある。

　わずか1升(約1.5キロ　→53ページ)の土を買うのに同量の金が必要なほど地価が高いという意味で、日本橋はまさにこ

の言葉の象徴のような町だった。

　日本橋には、金融街としての顔もあった。幕府が金貨の発行所である金座を置いたため、その周囲には銀行業にあたる両替屋が集まって、金融街としての役割を担ったのである。

　ちなみに、金座の跡地に建てられたのが現在の日本銀行だ。その近くには銀行が数多く立ち並んでおり、日本橋には江戸時代以来の金融街としての役割が今も受け継がれている。

●五街道の起点となった日本橋

　日本橋地域の象徴といえば、日本橋川に架かる「日本橋」だ。

　現在は橋の上を首都高速道路が走っているため、全容がよくつかめないが、現在のように石橋となったのは、明治44年(1911)のことである。それまでは木造の橋だった。ちなみに「日本橋」と題字したのは、最後の将軍・徳川慶喜である。

▲日本橋を渡る大名行列。江戸で1年間生活した大名が国元に帰国する場面を描いている。日本橋は旅の始まりの地であった。「東海道五拾三次之内　日本橋　朝之景」歌川広重（静岡市東海道広重美術館所蔵）

いつ日本橋が架橋されたのかは定かではない。だが、慶長９年（1604）に幕府が日本橋を起点に各街道に一里塚を築くことを定めたことから、その前年の８年ではないかと推定されている。

　現在、日本橋の中央に埋設されている「日本国道路元標」は、五街道の起点だった歴史を受け継いだ標識である。

　日本橋は、江戸時代を通じて十数回も架け直されている。火災による焼失のほか、腐食が原因の場合もあった。

　橋の長さや幅は時期により異なるが、文化３年（1806）に架け替えられたときの記録によると、長さは28間（約50メートル）で、幅は４間２尺（約7.5メートル）。３本組の橋脚を８カ所に建て、５列の桁につなぐ構造だった。

●すべての娯楽が集まった町

　日本橋地域は幕府によって商人町として造成されたが、エンタメの町としての顔も持っていた。

　「朝に魚市場で、昼に芝居町で、夜に吉原で1000両（約１億円）もの大金が落ちる」というフレーズがある。江戸の賑わいを活写したフレーズだが、魚市場も芝居町も吉原もすべて日本橋に集中していた時期があった。

　魚市場は日本橋北詰付近に広がっていた。関東大震災後に築地に移転するまで、魚市場は日本橋に置かれていたのである。

　日本橋を渡る大名行列が取り上げられた歌川広重の浮世絵でも、魚市場で仕入れた魚を天秤棒で担いで売りに行こうとする江戸っ子の姿が描かれている。

　また、天保13年（1842）に浅草寺裏手に移転するま

で、日本橋には中村座と市村座の芝居小屋が置かれていた（→178ページ）。

　現在の日本橋人形町の辺りで興行したが、周囲には芝居見物客を目当てにした飲食店が数多く軒を連ね、芝居町を形成した。

　さらに、遊郭の吉原は、当初芝居町の近くで営業していた。この場所を「元吉原」と呼んだが、明暦3年（1657）に幕府から浅草寺裏手への移転を命じられる。

　移転先は「新吉原」と呼ばれた。これが一般に知られている吉原である（→148ページ）。

　日本橋からは、江戸前期に吉原が、江戸後期に芝居町がそれぞれ移転してしまうが、商人町としての活況は変わらなかった。その賑わいぶりは、地方から江戸にやって来た観光客にも魅力的だった。日本橋は観光名所としても注目されたのである。

▲日本橋の朝の賑わい。「日本橋魚市繁栄図」歌川国安（国立国会図書館所蔵）

江戸城の外堀は物資運搬に使われていた!?

● 江戸っ子の生活を支えた水路網

　現在の東京ではほとんど想像がつかないが、江戸は河川や堀などの水路が縦横に張り巡らされた「水の都」だった。

　その水路は第2次世界大戦(太平洋戦争)後、復興の過程で戦災による大量の焼け土で埋め立てられてしまった。現在の東京の道路や建物は、こうした水路の上につくられている。

　それにしても、なぜ水路がそれほど発達したのだろうか？

　100万人を超える人々が生活するには、その巨大な消費人口の需要を満たす、大量の生活物資が日々必要になる。

　江戸は海沿いの町であり、生活物資を満載した菱垣廻船や樽廻船などの大型船がそのまま江戸湾に入港できた。

　だが、単に大量の物資が届けられるだけでは十分ではない。その物資を町の隅々にまで行き渡らせなければならないからだ。それを可能にしたのが、江戸の町を縦横に走る水路なのである。

　大型船で運ばれてきた荷物は、江戸の町を南北に走る隅田川の河口や品川沖の辺りで小型船に積み替えられる。その後、水路を経由して、各町に下ろされていった。

　物資の輸送に使われたのは水路だけではない。意外なことに、江戸城の周囲を流れる外堀も使われていた。外堀は城を守る軍事施設だが、泰平の世となっていたことを背景に、幕府も物資輸送のために小型船が利用することを許したのである。

●河岸は物資の集積所

「河岸」とは、小型船が着岸して物資を揚げ下ろしする場所のことである。江戸では商人町の日本橋地域や、商人の蔵が置かれた本所深川地域を中心に、数多くの河岸が広がっていた。江戸城から見ると、主に東側の地域である。

江戸の河岸の代表格といえば、日本橋の魚河岸である。魚河岸に荷揚げされた新鮮な魚介類が売り捌かれたのが、魚河岸近くに設けられた魚市場だった。

河岸には積荷の揚げ下ろしの場のほか、物置場や蔵が建てられることが多かった。積荷を一時的に保管するために使用されたのだ。荷主の商人にとっては、自分の蔵以外に荷を収納できる場所があることは経営の拡大につながる。それも河岸内ならば、運送費もかからず、都合がよかった。

▲日本橋の風景。河岸に沿って並んでいるのは商人たちの蔵。「江戸日本橋」『富嶽三十六景』葛飾北斎（アフロ提供）

●商人たちが請け負った水路の大掃除

　江戸の物流や経済を支えた水路には、定期的な浚渫作業(水路の底をさらうこと)が不可欠であった。土砂やゴミがどうしても水底に溜まってしまうからだ。

　水深が浅くなると、船がスムーズに運航できなくなる。そうなれば、経済活動にも悪影響を及ぼしかねない。

　幕府は管理者として自ら水路の浚渫にあたらなければならなかったが、財政が悪化すれば、費用が十分に出せなくなる。

　そのため、「御手伝普請」という形で諸大名に浚渫を命じたが、それだけでは足りなかった。

　よって、商人たちに費用を負担させる傾向が次第に顕著となる。営業上の特権を認める代わりに、商人たちに浚渫を請け負わせたのだ。

　文化6年(1809)より、日本橋川のうち一石橋から江戸橋までは石問屋仲間に、同9年(1812)からは江戸橋より隅田川に流れ込む場所までを土問屋仲間に浚渫を請け負わせている。隅田川東岸の本所に流れる竪川の浚渫は、板材木薪炭問屋に請け負わせた。

　浚渫の方法には、2種類ある。水路を閉め切って水を干した上で土砂をさらう大規模な浚渫は「川浚普請」と呼ばれた。これは臨時的な方法である。

　一方、船を出して船上から川底の土をさらう浚渫は「常浚」と呼ばれ、定期的なものだった。商人たちが請け負ったのは後者の浚渫である。

　幕府肝いりではなく、水路沿いの町が主体となって実行される浚渫もあった。というより、江

戸の水路の大半は町が主体となり浚渫作業が行われた。その際の浚渫費は当該町の負担となっていた。

　江戸で商売する商人にとって、物流を支える船のスムーズな運航が阻害されることは、死活問題にほかならない。積荷が届かなければ商売にならないからだ。そのため、商人たちは浚渫計画の中心となって、費用の負担にも応じた。浚渫費とは商売上の必要経費のようなものだった。

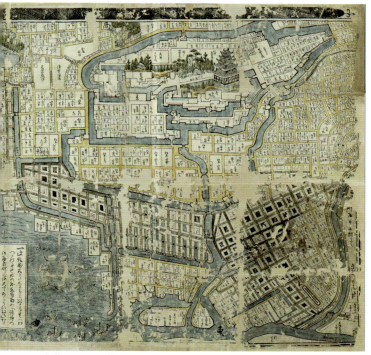

▲初期の江戸を描いたとされる絵図。現在知られている限り、最も古いものだが、水路が網の目のように張り巡らされているのがわかる。「武州豊嶋郡江戸〔庄〕図」（国立国会図書館所蔵）

夜10時以降は町の外には出られなかった!?

●町の治安維持を担った木戸番屋

　江戸の治安を預かっていたのは町奉行所だが、その吏員の数は与力・同心合わせても300人に満たなかった。これでは50万人を超える江戸町人の安全を守ることなど到底不可能である。

　そのため、奉行所としては、日々の行政事務や治安業務は町人たちに委任し、自らはその監督・指導に留まるというスタンスを取らざるを得なかった。

　各町は「木戸番屋」や「自身番屋」を設置し、町奉行所による治安の末端を担うことになる。

　江戸の町はブロックごとに木の柵で囲まれており、町と町の境には「木戸」という門が設置されていた。木戸番屋とは、木戸の脇に置かれた建物のこと。木戸番屋に詰める番人は、「木戸番」と呼ばれていた。

　通常、木戸は夜4つ(午後10時)になると閉め切られるのが決まりだった。夜陰に紛れて、放火犯や盗賊の類が入り込むのを防ぐためである。

　木戸が閉められた後は町内限りの往来となるが、止むを得ない事情で町境を通行する場合は、木戸に付けられた潜り戸から通した。その際、木戸番は拍子木を打って、町内や他町の木戸番に通行人の往来を知らせることになっていた。

　木戸番は町が雇用した警備員であり、その給金である番銭は町が負担したが、仕事は木戸での監視だけではない。木戸には消防の道具が置かれており、防火の任にもあたった。

また、木戸番は町の警備が本業だが、副業として草履やロウソク、駄菓子などの日用品を売ることが認められた。町内に必ずしも日用雑貨品を売る店があるとは限らなかったため、木戸番屋はコンビニのような役割も果たしていたのだ。
　朝鮮通信使や琉球使節の来朝、あるいは将軍やその親族の葬儀のときは、木戸番のみならず、町を預かる名主も木戸に詰めることが義務付けられた。

●留置場でもあった自身番屋

　各町には、「自身番屋」が設置されることもあった。
　自身番屋は、いわば町の事務所である。木戸番屋と同じく木戸の脇に設置されることが多かったが、町で雇用した書役

自身番屋

火の番や防犯のために設置された自身番屋。いざというときのために捕物道具も備えられていた。

が詰め、町奉行所から触れ出された町触(町人に出された法令)の筆写や町の経費である町入用の計算などの事務を執った。

複数の町が共同して設置するケースも多かった。番屋設置に伴う費用や運営費が町にとって重い負担になっていたことが窺える。

文政12年(1829)に町奉行所が定めたところによれば、その規模は梁間が9尺(約2.7メートル)、桁行が2間半(約4.5メートル)、軒の高さが1丈3尺(約3.9メートル)であった。

自身番屋に詰める番人たる自身番は、当初は各町の地主自身が交代で務めたが、その役割は、次第に地主から長屋の管理を任せられた家主(家守　→28ページ)が担うようになる。

ただし、強風のときは火消人足とともに地主も詰め、町内で出火した際に火が燃え広がらないよう努めた。

自身番屋は町内で捕えた不審者を留め置く場所でもあった。番屋内の仮牢に収容し、奉行所の役人に引き渡したのである。

自身番も木戸番と同じく、副業として日用品を売ることが町から認められていた。子どもの玩具や飴、おこしなどが売られ、木戸番と同様に町のコンビニのような役割も果たしていた。

●武家地に置かれた辻番所

町人地には木戸番屋や自身番屋が置かれて町奉行所による治安の末端を担ったが、大名屋敷や旗本屋敷からなる武家地にも同様の施設が置かれた。それが辻番所である。

江戸に最初に辻番所が置かれたのは寛永6年(1629)のこととされる。当時、街頭で往来の者を斬る「辻斬り」が横行していた。殺伐とした戦国時代の風潮が残っていたわけだが、将軍のお膝元での治安の悪化は由々しき問題だった。

よって、幕府はその取り締まりのため、辻番所の設置を命じる。以後、辻番所は武家屋敷街に次々と設置され、その数は江戸全体で900カ所以上にも達した。

　辻番所には3つの種類があった。

　幕府が設置した公儀(御給金)辻番、個々の大名が設置した大名辻番(一手持辻番)、大名と旗本屋敷が共同で設けた組合辻番(寄合辻番)の3つだ。

　公儀辻番は江戸城の城門近くに、大名辻番は上屋敷が集中する江戸城周辺に設けられた。大名が幕府から拝領した屋敷(大名屋敷)には上・中・下屋敷の3種類があったが、上屋敷には殿様と大勢の家臣が住み、中・下屋敷に比べて広大な敷地を誇っていた。

　組合辻番は、主に大名屋敷と旗本屋敷が混在する区域に設けられた。辻番所の維持費を個々の大名や旗本では負担できない場合、共同して設置したのである。組合を結成することで、少しでも負担を減らそうとしたのだ。

　辻番所には番人が詰めたが、辻斬りの取り締まりだけが職務ではない。街頭でケンカが起きたときは、身柄を拘束したり、ケガ人を治療したりすることも義務付けられた。

　行き倒れ人や病人が出た場合の処置も辻番所の職務とされた。いわば交番のような存在であり、その職務は多岐に及んでいた。

下級武士は副業で朝顔を育てていた!?

●江戸勤番の住居は主君を守る壁

　安政3年(1856)に幕府が江戸の土地を調査したところ、大名屋敷は合わせて約748万坪余。旗本と御家人からなる幕臣の屋敷は568万坪余にも達していた。江戸の土地の4割が大名屋敷、3割が幕臣の屋敷で占められた格好である。

　大名屋敷の規模は数千坪から数万坪にも及ぶ。殿様が住む上屋敷の場合、中央部には御殿と大名同士の社交場として使用された庭園、そして家臣が事務を執る建物が置かれたが、家臣の大半は屋敷内に建てられた集合住宅の長屋に住んだ。

　長屋の多くは、屋敷を囲むように建てられた平屋もしくは2階建ての建物であった。内部が細かく区切られており、身分の高下により与えられる部屋の広さが決められたが、下級藩士の場合は数人が同居する形が普通だった。

　長屋は一番外側に配置され、いわば屋敷の"壁"としての役割を果たしていた。江戸の大名屋敷とは、殿様が住む以上、堀こそなかったが、一種の城のようなもの。いざとなれば軍事施設に変身するため、家臣を住まわせる長屋を屋敷の壁として配置し、最前線に立たせたわけだ。

　殿様を守るため長屋に住み込んだ家臣たちは、国元の城下町からやって来た者である。この任務を「江戸勤番」という。勤務期間は1年。その間は単身赴任だった。

　殿様が1年間の江戸参勤の義務を終えると御供する形で帰国するが、江戸に残って留守番をする家臣もいた(江戸定府)。

長屋は藩から支給された形であり、家賃はかからなかった。ただし、畳や建具の調達は自費。まかない付きではなかったため、自炊生活を強いられている。

●旗本屋敷は江戸城のミニチュア版

　将軍直属の家臣である幕臣には、旗本と御家人の2種類の身分があった。将軍に拝謁できる資格を持つ者が旗本で、そうでない者が御家人だ。慶応4年(1868)の数字で、旗本は約6000人、御家人は約2万6000人という記録が残っている。

　旗本は上級幕臣であり、下級幕臣である御家人とは違って個別に幕府から屋敷を拝領したが、旗本屋敷は江戸城の北西側の台地上に数多く分布していた。もともと江戸城は西の守りが弱かったため、西側に長大な外堀を設けたが、さらに旗本屋敷を配置して守りを固めたわけである。

▲維新後、元久留米藩士が江戸での勤番生活を懐かしんで絵師に描かせたもの。「久留米藩士江戸勤番長屋絵巻　酒宴の図(部分)」狩野素川(勝波方信凌雲斎)(東京都江戸東京博物館蔵／東京都歴史文化財団イメージアーカイブ提供)

旗本屋敷の規模は禄高に応じて決められたが、数百坪から数千坪であった。建物のうち道路に面した部分に家臣が住む長屋を置き、その中央部に門を置いて表門とした。表門の脇には門番が常駐する小屋が置かれ、屋敷への出入りを改めた。

　母屋は接客・対面のための「表」、旗本の日常の生活空間である「中奥」、妻の生活空間である「奥」、そして「台所」が各々棟を分けていた。将軍の住む江戸城本丸御殿と同じ構造であり、そのミニチュア版といってよいだろう。

🌸 御家人たちのサイドビジネス

　御家人は同じ幕臣の旗本とは違い、個人ではなく所属する組単位で屋敷が与えられた。これを組屋敷という。

　将軍の警備を担当する御徒組という御家人の集団がある。

　御徒組は組頭2人、御徒28人の計30人で構成された。全部で20組ある。現在の東京都台東区下谷や江東区深川において数千坪の屋敷地を組単位で拝領したが、個人では200坪前後の土地を所有していることになる。

　江戸町奉行所の与力・同心も御家人であり、現在の東京都中央区八丁堀に組屋敷を拝領している。それゆえ、八丁堀が町奉行所与力・同心の異名となるが、与力の場合はひとりあたり約300坪、同心は約100坪の土地を拝領した。

　幕末の頃、御徒を勤めた山本政恒という人物の屋敷見取図が残されている。その図によれば、玄関、台所、物置、6畳と8畳が2間ずつあり、母屋の建坪は30坪ほどだった。屋根は瓦葺き。南側の庭園には池や築山、植木や花壇もあった。

　また、御家人が屋敷内の土地を貸して地代を取り、生活の足しとするのはごく普通の経済行為であった。数千坪の組屋敷

を共同してサイドビジネスに活用していた事例も少なくない。

　背景には、傘張りなど内職を余儀なくされる御家人たちの厳しい生活事情があった。俸禄(ほうろく)が少なく、家族を養うだけで精一杯であり、旗本のように家来を雇う余裕はなかったのだ。

　下谷に住んだ御徒組は、朝顔などの観葉植物を組屋敷内で共同で栽培し、市場に出していた。東京の初夏の風物詩となっている下谷の朝顔市は、その名残りである。そのほか、金魚の養殖や鈴虫・こおろぎの飼育にいそしむ御家人も見られた。

御家人の副業

御家人のなかには、
傘張りや観葉植物（朝顔）などの栽培、
提灯の絵付けなどをして糊口をしのぐ者もいた。

長屋では6畳に一家族が住んでいた!?

● 町人の大半は長屋住まい

　江戸町人の数は50万人を超えていたが、町人が住む町人地は、江戸の土地の約15％に過ぎなかった。ほぼ同じ数の武士が住む武家地が江戸の土地の約70％を占めていたことを考えると、町人地の人口密度が過密だったことは明らかである。

　一口に「江戸」といっても、地域間の格差は大きかった。

　町奉行所では経済力に応じて、町を上・中・下の3ランクに分けている。上の地域は日本橋など大商人が住む地域。中の地域は東海道など主要街道沿い。下の地域は、郊外の農村に近接する場末と呼ばれた地域だった。

　町人は居住形態により、家持、家主、地借、店借の4つに分けられた。家持とは家屋敷を所持する者のことで、いわゆる地主である。家主は家守とも呼ばれ、地主から町屋敷の管理を委託されて地代店賃を徴収する者。地借は地代を支払って地主から土地を借り、家屋を自己資金で建てた者。店借は地主から店舗や長屋を借りて住む者であった。

　店借には2つの種類があった。表通りに面した平屋ないし2階家の店舗（表店）を借りる表店借と、裏通りに面した平屋の長屋（裏店）に住む裏店借の2つだ。裏店借には、貧しい者が多かった。その日暮らしを強いられて生活基盤が不安定なため、家賃の低い裏店に住まわざるを得なかった。

　寛政3年（1791）の数字によると、江戸全体で名主の数は262人、地主は18876人、家主は16727人であった。残りの40

万人以上は地借・店借だが、地借・店借といっても、大半は店借、それも経済力の乏しい裏店借だったのである。

●つくりが簡素だった理由

　裏店借が住んだ集合住宅の長屋は、俗に「9尺2間の裏長屋」と称される。間口が9尺（約2.7メートル）、奥行が2間（約3.6メートル）であり、その規模は6畳ほどとなる。

　裏長屋も構造の違いによって「割長屋」と「棟割長屋」に分かれていた。

　割長屋の各部屋は両隣の部屋と壁で隔てられているものの、入口と奥からは自由に出入りできる構造となっていた。

　一方、棟割長屋は棟のところで壁により仕切られ、背中合わせに部屋がつくられた格好の長屋である。両隣だけでなく背中合わせの形でも部屋があったため、出入りできたのは入口のみ。風通しの面からいうと、棟割長屋は割長屋よりも生活環境が悪かったといわざるを得ない。

　割長屋の家賃は月額800～1000文（約2万円～2.5万円）であったのに対し、棟割長屋の家賃は500文（約1.2万円）で、半分ほどに留まる。

　部屋の内部構造は割長屋も棟割長屋も変わらない。6畳のうち、土間が1畳半で、残りの4畳半が板の間だ。板の間には畳が敷かれる場合もあった。

　土間には流しと竈が置かれた。台所である。板の間は居間として使われたが、夜になると布団が敷かれて寝室になる。朝には布団が板の間の隅に片づけられ、居間に戻った。

　ひとりでも狭いが、当時は妻や子が同居するのが普通だった。現代の感覚からすると窮屈さは否めないが、裏店借にとっては

ごく当たり前の住環境だったのだ。

割長屋にせよ棟割長屋にせよ、プレハブ住宅のように画一化された簡素な造りだった。つまり、建設費が安く抑えられていたわけだが、その理由としては、江戸が火災多発都市だったことが挙げられる。焼失の危険性に絶えずさらされたことから、建築費をかけても無駄になる可能性が高い。簡素な造りだったのは、そんなリスクを念頭に置いたからだった。

●共用スペースは楽しい社交場

このように、裏長屋では実質4畳半の空間で当人や家族が寝起きから食事までを済まさなければならなかった。そのため、個人用の井戸やトイレ、風呂を備え付けるスペースなどはまったくなかった。

よって、長屋の外に共用スペースが設けられることになる。住人たちは長屋を出て、井戸やトイレを共用した。洗い場や物干し場についても同じである。

そうなると必然的に、井戸などの共用スペースでほかの住人とコミュニケーションを取るようになる。時代劇でもよく描かれるように、井戸端会議を地で行く光景が繰り広げられたのだ。

ただし、風呂までは設けられなかった。そのため、銭湯（湯屋）へと繰り出すことになる（→106ページ）。

入浴料はほかの物価に比べると格安であり、江戸中期の明和年間（1764〜72）までは、大人が6文で子どもが4文だった。現在の貨幣価値に換算すると100円程度。格安であったことから、裏店借でも毎日通えた。

▲長屋の共用スペース。女性たちが家事の間に井戸端会議を開いた。「絵本時世粧」(国文学研究資料館所蔵)

▲狭いスペースにたくさんの人たちが生活していた。『道中膝栗毛』8編続12編 十返舎一九 (国立国会図書館所蔵)

長屋の構造

武士も町人も水道代を払っていた⁉

● 江戸に飲料水を供給した2つの上水

　家康が入城した頃の江戸には、良質の湧水が数多くみられたという。しかし、その後の急激な人口増加とそれに伴う環境汚染を受け、湧水だけでは飲料水や生活用水をまかない切れなくなる。そのため、井戸を掘って飲料水を確保しようとした。

　だが、海を埋め立てて造成された下町では、井戸を掘っても水の塩気が強かった。飲料には到底適さない。そのため、神田上水と玉川上水に代表される上水道が引かれることになる。

　最初に建設されたのは神田上水であり、家康の命を受けた家臣の大久保藤五郎（主水）が建設にあたった。正確な時期は不明だが、玉川上水よりも先に建設されたのは間違いない。

　井の頭池を水源とする神田上水は、途中、善福寺川や妙正寺川の水も合わせて水量を増やしながら、江戸市中へと向かう。神田地域など江戸の北部に給水するのだ。

　玉川庄右衛門・清右衛門兄弟を請負人として、玉川上水が建設されたのは承応2年（1653）のことである。多摩川沿いの羽村で取水し、武蔵野台地を横断する形で四谷大木戸まで進んだ後、暗渠※となって江戸の南部に給水した。

　両上水とも、取水点からしばらくの間は開渠※だった。事実上、河川のような水路であったが、江戸市中に入ると、地中に埋められた木造の水道管により配水された。

　この水道管は樋と呼ばれる。あわせて武家屋敷や町屋敷内には井戸の役割を担った枡も埋設された。

木樋により給水された水が溜められたわけだ。人々は枡の底につるべを落とし、桶に水を汲み取って利用したのである。

しかし、両上水でもカバーしきれない区域があった。その場合はやむなく水を買うことになる。良質の湧水や両上水が暗渠に入る前の水を販売する業者も登場した。江戸版「ミネラルウォーター」である。

● 上水の水質管理はどうなっていた？

玉川上水が走る武蔵野台地に位置する村々が、灌漑用水や飲料水として上水を使用することを、幕府は新田開発の名目で許可した。主流から分水されたポイントは30カ所以上にも及び、武蔵野台地の新田開発に大きく貢献することになる。

しかし、その分、江戸への給水量は減った。ついには、江戸

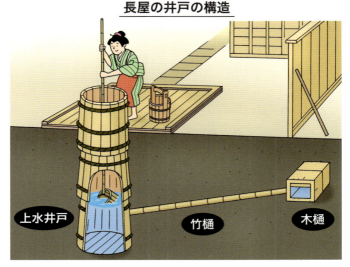

長屋の井戸の構造

上水井戸　　竹樋　　木樋

※暗渠は地下に設けられていて外からは見られない水路のこと。開渠は地上につくられた、蓋のない水路のこと。

への給水量よりも農村への分水量のほうが上回る事態となる。その結果、多摩川からの取水を増やしたが、それは取水源の羽村より下流の多摩川沿いの地域に多大な犠牲を強いるものであった。

たとえば、水量が減少して水深が下がれば、多摩川を行き来する船の通行に支障が出てしまう。そのため、武蔵野新田への分水は厳しく制限されるようになる。

両上水とも、利用者には料金を支払う義務があった。市中で水道を利用する武家・町屋敷は「水銀」、江戸まで引水する間に分水を受ける農村は「水料」の名目で料金が賦課された。

武家地の場合は、石高に応じて水銀が賦課された。石高が高いほど、利用者たる家臣の数が多いとみなされたからだろう。

町人地の場合は、家の間口に応じて額が決められた。間口１間（約1.82メートル）につき銭11文程度の割合だった。

❋幕府を悩ませたゴミと大雨

江戸市中に安定した水量を給水し、あわせてその水質を維持するため、幕府は両上水の維持・管理にたいへんな力を入れる。

玉川上水では、取水口の羽村と暗渠になる四谷大木戸に番屋が設けられた。水番人が常駐し、毎日水深を測ったが、その差が大きくなると、羽村〜四谷間に設けられた分水に規定以上の水量が流れ込んでいないか、疑われたわけだ。

開渠であるため、芥（ゴミ）も一緒に流れてくるのは避けられなかった。そのため、芥留めにかかる芥を毎日拾い上げることも水番人の役目とされた。

上水が村内を流れる村々でも、水質維持については厳しい

▲江戸時代に使われていた木製の水道管(木樋)。千代田区丸の内、東京駅の地下工事の際に発掘された。大名屋敷の敷地内にひかれたものだと考えられている。(東京都水道歴史館提供)

措置が取られている。上水で水を浴びる者、魚や鳥を捕える者、塵芥(ちりあくた)を捨てる者、物を洗う者は処罰すると書かれた高札もあった。そうした行為に及ぶ者が見られたのだろう。

この時代の上水は貯水池も浄水場もなかった。水量を調節することも、沈殿により浄水することもできなかった。

玉川上水の場合、大雨や土砂で多摩川の水が濁ると、そのままの状態で羽村の取水口から流れ込むことになる。取水口を塞いでも、四谷までは開渠なので、同じく大雨で水が濁る状況は避けられない。そうした事情は神田上水も同じだった。

ただし、濁った状態で給水されても、枡(井戸)に溜められることで、沈殿つまり浄水作用が期待できた。

もっとも、その分、底に泥が溜まる。よって、枡に溜まった泥を定期的にさらう井戸さらいも、水質維持には欠かせない作業だった。

消火活動は「壊す」ことだった!?

◉破壊消防と鳶職人

　江戸が火災の多発した都市だったことはよく知られている。その大きな理由として気象条件が挙げられるだろう。

　江戸は強い季節風が吹き荒れる町であった。春先は南西風、冬は北西風の強風。とくに11月から翌年5月までの間は空気が乾燥するため、出火すると手がつけられなくなる。

　木造建築の家屋がひしめく場所、つまり裏長屋が密集した区域が火事になると、次々と火の手が燃え広がることは避けられなかった。

　その上、大名火消や定火消、そして町火消など火消組織はあったものの、消火能力はほとんどなきに等しかった。

　「龍土水」という木製のポンプはあったが、放水距離は15〜16メートルほどしかない。消火の役に立たなかったのが実情であり、水を入れた桶で消火にあたるのが定番となる。

　しかし、大火となれば、この方法ではなす術がなかった。

　結局、最も有効な消火方法は、延焼しそうな家宅を破壊することだった。燃えるものがなくなれば、延焼は防げるからだ。

　当初火消人足を勤めていたのは町の住民で、店人足と呼ばれていた。だが、平時はそれぞれの生業を営む店人足では、破壊消防を主とする当時の消火活動はおぼつかなかった。火事場から逃げ出してしまう事例もあったという。

　そこで活躍したのが鳶職人だ。鳶とは建築業に携わる職人のことだが、家の建て方の知識がある彼らは、その壊し方に

▲加賀藩主・前田加賀守の大名火消正月出初式の図。中央に描かれているのが龍吐水。「加賀鳶の圖(部分)」歌川豊国(国立国会図書館所蔵)

も通じていた。その点が火消人足として重宝された理由である。

●防火建築の奨励と火除地の設定

　奉行所は様々な手法で江戸の不燃都市化を目指した。

　たとえば、火事で風に吹かれた火の粉が飛散し、周辺家屋の屋根から延焼してしまうことを踏まえ、屋根を瓦葺きにすることを求めている。部分的に防火建築にしようと試みたのだ。

　また、地域限定ではあったが、土や漆喰で木造の建物の外側を塗り込める塗屋造りや、壁を厚くして窓・出入口にも防火の備えをした土蔵造りによる建築を厳命した。

　一方、燃えるものがなくなれば延焼は防げるという考え方のもと、火除地という名の空き地が江戸の町に設けられた。享保年代はとくに火除地が大規模に設置された時期でもあった。

●商人の財産を守った「穴蔵」

　奉行所に奨励されずとも、町人は火事の備えには非常に神経を使っていた。商人にとっては、売り物の商品が焼けてしまっては元も子もない。一夜にして破産する恐れも出てくる。

　明暦3年(1657)に起きた明暦の大火後、江戸では武家屋敷・町屋敷を問わず、地下に穴蔵がつくられるようになる。この大火は江戸を焼け野原にしたが、穴蔵に入れておいた財産は焼け残ったという。

　その話が広まり、穴蔵は急速に普及する。江戸の土地の10分の1は穴になったと称されたほどだった。

　江戸の代表的な豪商・越後屋などは、高さ約2メートル、間口・奥行が3.6メートル四方の巨大な穴蔵を店舗内や台所に何カ所も設置した。その規模は裏長屋の一室よりも大きかった。

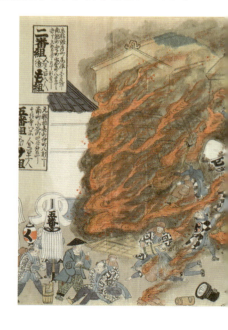

　火事の報せが入ると、穴蔵に商品を運び込む。その入口に蓋をして渋紙を敷き、砂を広げて踏みつける。そこに水をよく湿らせた畳をかぶせ、上に水を満たした桶を置く。こうすれば、家屋が焼け落ちても、その衝撃で桶が壊れて水があふれ出し、畳を湿らせることで一層

類焼しにくくなるというしくみだった。

　ただし、埋め立てで造成された下町の地下は水分を多量に含んでおり、穴蔵は水漏れの危険性に絶えずさらされた。

　そのため、檜や杉など防水性の高い建築資材が使われている。これらは船舶・橋梁・桶類にも使用された資材で、湿気にも強かった。また、板材の隙間には水漏れを防ぐため、防水接着剤や樹木の繊維が詰められた。

　穴蔵は、商品の倉庫のみならず、金庫としても使用された。麹室や味噌室、植木用の温室としての用途もあった。火事への備えは、江戸っ子をして地下の活用を促進させたのである。

▲消火に向かう町火消「鎮火安心圖巻（部分）」鬼蔦斎 畫圖（国立国会図書館所蔵）

江戸っ子は夏の暑さを"滝"でしのいだ!?

●江戸時代は気温が低かった?

地球温暖化の影響なのか、近年の夏の暑さには耐え難いものがある。猛暑という表現も、決して大げさではない。

そんな異常気象を受け、エアコンなどにできるだけ頼らず、昔ながらの知恵を活かそうという試みが盛んである。東京でも、水を撒くことで少しでも温度を下げようという、いわゆる「打ち水」が夏の風物詩として定着してきた。

江戸時代は、現代に比べると、総じて気温が低かったといわれている。歴史気候学の研究成果によると、当時は小氷期(江戸小氷期)※に入っていたことがわかっている。

実際、冷害などを原因とする凶作(飢饉)は多く、江戸の3大飢饉(享保/天明/天保の大飢饉)は、歴史の教科書にも取り上げられている。

●「滝浴み」というユニークな涼み方

とはいえ、夏はやはり暑かった。扇風機やクーラーのない時代に暑さをしのぐのは一苦労だっただろう。

では、江戸っ子は、どのように涼を得ていたのだろうか。

江戸っ子の間では、「打ち水」に代表されるように、自然の風や水をうまく利用して暑さをしのごうとする傾向があった。

滝を訪れることがブームとなったのも、そのひとつ。

これを「滝浴み」という。滝浴みとは、暑い日に滝の水で遊んだり、滝から吹いてくる涼しい風に当たったり、滝の水に

打たれたりする行為を指す。滝に涼を求めたのだ。

とくに人気があったのは、王子地域（現在の東京北部）の滝だった。桜の名所・飛鳥山に近接する王子には、音無川が流れ、飛鳥山に挟まる格好で渓谷が形成されていた。

なかでも「王子不動之滝」は、歌川広重が『名所江戸百景』でも取り上げたほどの観光名所であった。夏になると涼を求める人たちでたいへん賑わったが、この滝に打たれると病が治るという評判も賑わいを増す理由になっていた。

▲ふんどし姿の男性のように直接滝に打たれることもあった。「王子不動乃滝」『名所江戸百景』歌川広重（国立国会図書館所蔵）

※14世紀半ばから19世紀半ばまで続いた寒冷期。「ミニ氷河期」とも呼ばれている。

🌸 木炭と炭団

　小氷期とされる江戸時代に生きる人々にとって、冬の寒さをしのぐことは、夏の暑さ以上に生死に関わる問題だった。

　では、どんな方法で寒さをしのいでいたのか。

　重宝がられたのは、家の中で使用できて、煙や炎も少なかった木炭である。当時、木炭の需要は高く、全国各地で木炭の生産が盛んであった。

　幕府は伊豆国天城山の山林で生産された「天城炭」を江戸城用の木炭としたが、江戸には天城山のみならず、関東各地から大量の木炭が送られていた。庶民の場合は天秤棒を担いだ炭売りから、1～2升単位で量り売りをしてもらっている。

　当時最高級の木炭といえば、鰻の蒲焼に使われることでも知られる「備長炭」である。元禄12年（1699）に備中屋長右衛門という者により考案された炭だ。

　木炭は高価であったため、炭団を買い求める者も多かった。炭団とは、木炭の粉末にふのりなどを混ぜて固め、乾かしたものである。木炭よりも安価だったが、燃料効果が低かったのは否めない。

🌸 火鉢とこたつ

　木炭や炭団は「火鉢」や「こたつ」に入れられた。

　火鉢は暖房器具であると同時に、調度品としての顔も持っていた。火鉢の材質には真鍮や銅が使われることもあったが、それは高級品であり、一般的には、桐や檜など木製の火鉢が使われた。箱火鉢と長火鉢があったが、時代劇などでよく登場するのは、長火鉢のほうである。

　通常、木製の長火鉢は長さ2尺、幅1尺2寸、高さ1尺1寸

である。左側が火鉢本体で、右側に3～4段の引き出しが付いていた。火鉢の中には五徳※が置かれ、鉄瓶を置いて湯が沸かせるようになっていた。

　こたつには、掘ごたつと置ごたつがあった。掘ごたつは炉の上に櫓を乗せて布団をかけたものである。こたつを使わない夏は、炉の上に畳などを乗せて塞いだ。

　置ごたつは、火鉢の上に櫓を置いて布団をかけたもの。火鉢が登場したことで生まれたこたつだった。掘ごたつとは異なり、持ち運びできたため、重宝したという。

▲長火鉢で暖を取る女性。「つじうらをきく」『時世粧菊揃』歌川国芳（国立国会図書館所蔵）

※鉄瓶などを火にかけるために火鉢や炉にかぶせるようにして立てる金属製の台。

江戸は深刻なゴミ問題に悩まされていた!

● ゴミは隅田川の河口に集められた

　人口が増えるにつれてゴミ問題が行政の大きな課題になるのは、今も江戸の時代も変わらない。

　武家地の場合、大名屋敷などは数千坪から数万坪の規模であり、屋敷内に穴を掘って埋めてしまえばゴミの処理には困らなかった。だが、町人地の場合はそうはいかない。

　結局のところ、町人たちは捨てる場所に窮し、家の近くにある堀や川、町内の「会所地」と称された空き地に捨てていた。

　幕府がゴミ問題に乗り出したのは、慶安元年（1648）のこととされる。まずは下水などへのゴミの投棄が禁止されたが、翌2年（1649）には会所地への投棄も禁止される。それでも堀や川などにゴミを捨てる者は後を絶たなかった。

　明暦元年（1655）、町奉行所は川筋へのゴミの投棄を禁じる一方で、船で「永代浦」まで捨てに行くことを命じた。

　単に投棄を禁じるだけでは効果がなかったため、ゴミ捨て場を指定したのである。永代浦とは、現在の東京都江東区で、隅田川河口にあった永代島の地先にあたる。江戸の当時、この一帯は葦や萱の茂る湿地が残る浦だった。

　「会所地」にゴミを捨てることが禁じられると、町内には運搬船に積み込むまでの間、ゴミを集積しておく場所がつくられた（大芥溜）。

　ゴミの集積場は各町の管理下に置かれ、それ以外の場所に捨てた場合は、町奉行所による処罰対象となった。

●利権化したゴミの処理

　永代浦までゴミを運ぶよう町奉行所から命じられた町側は、おのおのが船を用意して運んだが、寛文2年(1662)以降は、幕府が指定した業者の船にゴミを運び込むことになった。そして、永代浦までの運搬費は各町の負担と定められた。

　幕府がゴミの運搬を特定の業者に請け負わせた裏には、町に任せておくと、途中で海中投棄される恐れがあったからだろ

▲人目につかない坂の下はゴミ捨て場になることが多かった。この絵で描かれている「ごみ坂」も現在の文京区に実際に残っている。「江戸名所道外尽 廿八 妻恋こみ坂の景」歌川広景(国立国会図書館所蔵)

う。町側は船で運び込む負担を嫌ったわけだが、幕府にとっては不法投棄にほかならず、看過できるものではなかった。

一方、幕府からゴミの運搬を請け負った業者は、かなりの収益を得ていた。永代浦まで運んだ後、再利用できるものを回収して売り払ったからだ。収益が期待できたからこそ、ゴミの運搬を請け負ったのである。

享保18年(1733)、ゴミの運搬を請け負っていた業者76人が組合の設立を求める願書を町奉行所に提出する。その趣旨は、江戸城の堀に浮いているゴミを無償で拾い上げ、堀の底に溜まるゴミや泥土の除去も無償で行う代わりに、町から出るゴミの処理を独占したいというものであった。

堀のゴミや泥土を除去するとなると、相当な出費は避けられなかったが、願書からは、その出費をゴミ処理の独占による収益がはるかに上回るものだったことが窺える。

この願書は受理され、翌19年(1734)に「御堀浮芥浚請負人組合」が結成された。こうして、幕府から鑑札が交付された組合員以外は、ゴミの運搬・処理ができなくなった。

◉糞尿は争奪戦が起きるほどのお宝!?

江戸の町から大量に排出されたのは、ゴミだけではない。
屎尿(人の排泄物)も同じような事情を抱えていた。

だが、江戸近郊の農村にとっては、それは廃棄物ではなく、蔬菜(野菜)生産のための良質な肥料(下肥)であった。

そのため、農民たちは、江戸まで出かけていって雪隠(トイレ)から屎尿を汲み取り、村に持ち帰るようになる。価値の高いものであるがゆえに、屎尿を汲み取る権利が売買されるようになるのは時間の問題だった。

屎尿つまり下肥の汲み取り先の町屋敷や武家屋敷のトイレは下掃除場所と呼ばれた。汲取人は下掃除人と呼ばれる。

　下掃除人は町屋敷や武家屋敷と個々に契約を結び、下掃除代を支払うことによって「汲取権」を獲得した。

　江戸近郊では江戸向けの蔬菜生産が盛んだったことから、下肥の需要は高く、供給をはるかに上回っていた。

　そのため、下掃除場所は奪い合いになることが多かった。下掃除代が高騰した結果、農民たちが価格の引き下げを求めて幕府に訴え出る事態が起きたほどである。

　なお、江戸西郊の農村は水運に恵まれなかったため、農民たちは馬や荷車で下肥を運んだ。一方、江戸東郊の農村は水運が発達していたため、舟で大量に下肥を運べた。この下肥運搬船は俗に葛西船と呼ばれる。

糞尿の運搬

江戸市中の屎尿は人力（天秤棒）や馬、舟などによって近郊農家まで運ばれた。

第2章 江戸の食べもの

1日3食の起源は江戸時代だった!?

● 100年で米の生産量が1.5倍に

　泰平の世となり、政治的に安定した江戸時代は、経済・文化が飛躍的に発展した時代だった。食文化の豊かさなどは、その象徴である。

　それだけ質量ともに食が豊かになったということだが、その典型例が1日2食から3食への移行である。3食となったのは、5代将軍徳川綱吉の時代にあたる元禄期の頃とされる。

　その原動力となったのが「米」だった。元禄時代は江戸幕府が誕生して100年ほどが経ち、折しも経済成長が頂点に達した時代だ。この100年で、日本の石高は1850万石から2600万石と約5割も増えている。石高とは米の生産量のことで、食糧が増えれば人口も増えるのは自然の法則である。同じ100年で、人口も約1500万人から約3000万人に倍増している。

　石高の大幅な増加は商人などを担い手とする大規模な新田開発の成せる業だったが、幕府や諸大名は生産者の農民からその4割前後を年貢米として徴収した。そして、飯米分を除き、換金して歳入に充てたが、その場合は江戸や大坂など膨大な消費人口を抱える大都市に送られることになっていた。

　こうして、米が大量に売り払われたため、江戸では懐の寂しい町人でも白米が安く手に入るようになる。その結果、米が常食となり、さらに、食事の機会も増えていったわけだ。

　江戸に送られた米すなわち玄米は米問屋が荷受けし、米仲買に卸された上で小売りの搗米屋に卸されるのが原則であった。

この搗米屋が俗にいう米屋のことだが、寛政3年(1791)9月の数字によると、江戸全体で搗米屋が2699軒、臼の数が6062柄という記録が残されている。

●江戸と上方では米を炊く時間が違った?

　白米を常食にしていたとはいえ、炊飯となると各家庭にとっては一仕事になる。あたかも毎日が飯盒炊爨(はんごうすいさん)の状態であり、薪などの燃料費もかかった。

　経済力に乏しい町人などは毎食ごとの炊飯は無理で、1日1回に留まる。3食分を一度に炊いたのである。

　江戸時代の社会風俗書として知られる喜田川守貞の『守貞謾稿(もりさだまんこう)』は、江戸と上方(京都・大坂)を対比して解説を加えているのが特徴だが、そうした事情は炊飯の解説にもあてはまる。

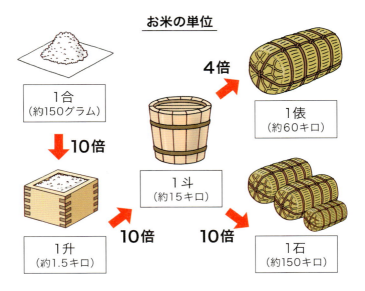

お米の単位

1合（約150グラム）
↓ 10倍
1升（約1.5キロ）
10倍 →
1斗（約15キロ）
4倍 → 1俵（約60キロ）
10倍 → 1石（約150キロ）

江戸に次ぐ大都市である京都や大坂も白米が常食だったが、面白いことに江戸と上方では炊飯の時間が異なっていた。

　同書によれば、江戸では朝に米を炊いて味噌汁と一緒に食べる。昼は冷や飯で済ませて野菜や魚を添え、夕食は茶漬けに香の物を添える。

　一方、京都・大坂では昼に米を炊き、煮物や魚類、味噌汁など２、３種類のおかずを添える。夕食と朝食は冷や飯に香の物を添えた。３食のうち、江戸では朝食、京都・大坂では昼食時に炊飯し、残り２食は冷や飯で済ませたのだ。

　生産者たる農民の大半は、普段、米を食べなかった。年貢米を納めても手元に半分以上は残る計算だが、その大半は換金のため売り払ってしまうからである。主に麦や粟・稗などの雑穀を常食とするか、米を若干混ぜただけの食事であり、米のみを食べるのはお正月などの「ハレ」のときに限られていた。

●米は酒造米として消費された

　江戸時代、武士は俸禄米に加えて主家から家族や家臣を養うための扶持米を支給されていた。現在の扶養手当にあたるが、その基準は１日あたり米５合であり、年間360日に換算して年に１石８斗支給される計算である。幕府は火事や水害に罹災した江戸の町人に御救米を支給したが、その場合も１日あたり米５合を支給するのが習いだった。

　武士は米を常食とし、江戸では町人も同様だったが、農民の大半が米を常食としていない以上、かなりの米が余る計算になる。

　実は、米は酒造米としても相当消費されていたのだ。

　幕府は米価の動向に非常に神経をとがらせる。とりわけ、

米を常食としていた江戸の町人にとって、小売り米価の高騰は死活問題であり、米の安売りを米屋に要求する米騒動に発展することが少なくなかった。

　そのため、凶作などで全国各地から江戸に入る米の量が減って米価が高騰すると、幕府は米の消費に制限をかける。町人に粥を奨励する一方で、全国の酒造業者に対して生産を制限した。これを酒造制限令と称する。

　時限立法の形で醸造量を3分の1あるいは2分の1に制限し、酒造に使用される米を減らすことで、それだけ飯米の量が増えて米価がおのずから下がるという意図があった（逆に米価が低くなりすぎると、酒造制限を撤廃して自由な醸造を認めた）。

　酒造制限令が米価調節の手法として有効であると幕府に認識されるほど、米は酒造米としても大いに消費されていたのだ。

▲朝の炊事場の様子。江戸では朝食時にその日に食べる分の米を炊いた。
「台所美人図」喜多川歌麿（アフロ提供）

将軍はマグロを食べさせてもらえなかった⁉

◉食事が将軍の口に入るまで

　江戸城の将軍は、本丸御殿のうち「中奥」と称された空間で食事を取るのが通例だった。中奥は将軍の居間のような場所であり、政務の側近のほか、警護や身の周りの世話をする幕臣以外は入ることのできないプライベートな空間だ。たとえ老中でも将軍の許可がなくては入れなかった。

　原則として、将軍はこの中奥で起居した。

▲初代将軍・家康は出身地である三河の八丁味噌でつくられた味噌汁を好んだといわれている。「徳川家康画像」（堺市博物館所蔵）

毎朝、午前6時に起床した将軍は、洗顔や結髪、医師による健康診断を済ませた後、8時に朝食を摂る。

　将軍の食事が整えられるのは、中奥内の御膳所だ。煮炊きは同じ中奥の囲炉裏之間が炊事場として使われた。

　調理を担当したのは、台所頭という役人である。

　食事ができあがると「御膳立之間」に運ばれ、将軍の飲食物の毒見役を勤める御膳奉行が毒見を行う。毒見が済むと、再び「囲炉裏之間」に運ばれて温め直される。その上で、将軍の御前に出された。配膳の担当は、理髪などの世話をする御小納戸と呼ばれた幕臣であった。

　食膳は3人前が用意される。将軍と、給仕を勤める御小姓、2人の分だ。将軍が食する前に、将軍の警護役を勤める御小姓が毒見のため食べるわけである。

　その後いよいよ将軍の食事となるが、御小姓の役目は毒見だけではない。将軍の速度に合わせて食べることが求められた。

●将軍の食べ残しの行方

　将軍が中奥で食べる場合は御小姓や御小納戸が給仕や配膳にあたったが、大奥で食べる場合は事情が異なる。

　大奥は将軍の寝室のような場所であったため、側近や警護役の御小姓たちでさえ入れなかった。男子禁制の空間だったのだ。

　大奥では将軍の正室・側室、その子女が起居するとともに、数百人の奥女中が住み込みの形で職務にあたっていた。まさに「女性の園」にほかならなかった（ただし、男性でも医者は例外として入ることができた）。

　大奥では正室である御台所と一緒に食事をしたが、当然ながら毒見役が付く。将軍や御台所の世話役を勤める御中臈と

呼ばれた奥女中が毒見役を勤めた。

　大奥で食事を取る場合も、中奥で調理された食事が届けられるのが決まりであった。中奥と大奥の間の連絡通路となっていた御鈴廊下を通って、食膳が運ばれた（ただし、大奥の調理場で調理や味付けが加えられることもあった）。

　食事場所が中奥でも大奥でも、将軍は自分の食膳をすべて平らげたわけではない。食膳に９品のぼっていたとしても、将軍の箸が付けられるのは２品ほどだったらしい。

　もちろん、将軍の好みによって残る量も増減するが、いずれにせよ、相当の量が余ってしまう。そうした事情は御台所についても同じである。

　大奥で食事をした場合は、大奥を取り仕切る立場の御年寄や毒見役以外の御中臈が残った分を食べることになっていた。中奥の場合は、御小姓などが食べたのだろう。

●将軍の食卓にのぼらなかったもの

　将軍の食事といっても豪勢だったわけではない。

　むしろ、普段の食事は質素なものであった。食事のみならず、食器も粗末な塗り椀が通例だ。

　通常、朝食は一の膳だけである。ご飯に味噌汁、香の物、魚が付く程度で、ときには二の膳で焼き物が付くこともあった。

　昼食も同じようなものだが、夕食の場合は食膳にあがる品数もさすがに多くなり、９品ぐらいになる。

　御飯は、「蒸飯」である。煮上げた米を釜で蒸したものだが、味は淡泊だった。

　そして、将軍ともなると、食べるものには厳しい制限が掛けられていた。たとえば、鳥、鴨、雁、ウサギは別として獣類は

将軍の食膳から外されたもの（一部）

魚類: サンマ、イワシ、フグ、マグロ

貝類: アサリ、シジミ

野菜: ネギ、ニラ、ラッキョウ、カボチャ、ニンニク、インゲンマメ

一切食膳にのぼらなかった。

　魚も線引きされており、サンマ、イワシ、マグロなどは将軍の食膳から外された。脂身が忌避されたのだ。だから、落語「目黒のサンマ」が生まれることになる。

　魚の干物類、あるいはアサリといった貝類も外された。

　野菜も同様である。ネギ、ニラ、ラッキョウ、ニンニク、インゲン豆などもNGだった。

　果物にしても、梨・柿・みかん以外は食膳にのぼらなかった。

　さらに、将軍にとって苦痛だったのは歴代将軍の命日である。精進日に指定された日は、当日の食膳に肉や魚類はのぼらない。当然ながら、時代が下るにつれて精進日は増えるので、魚肉を好む将軍には苦痛だった。

　なお、酒好きの将軍は別として、酒はさほど嗜まなかったようだ。将軍としての立場上、家来と酒を酌み交わすわけにはいかない。結局、ひとりで飲まなければならなかったため、飲む気が起きなかったのである。

江戸は
ファーストフード天国だった!

● にぎり寿司を支えたのは酒粕!?

　江戸は男性が女性の数を凌駕していた都市である。それも単身者が多かったため、そんな男性を対象とした産業が発達した。

　代表的なのは外食産業だ。それも注文してからすぐに食べられる食品が重宝がられた。いわゆるファーストフードである。

　一口にファーストフードといっても、バラエティに富む。

　江戸と聞いて真っ先に思い浮かぶのは、にぎり寿司、そば、天ぷらといったところではないだろうか。

　まずは、にぎり寿司から見ていこう。江戸前期の寿司は、塩で下漬けした魚介類を蒸米と一緒に漬け込み自然発酵させた「馴れ寿司」が主流だったが、発酵して食用となるまでの時間が長いことから、熟成期間を短縮した「押し寿司」などの「早寿司」が登場する。その後、酢飯に魚の切り身を乗せて握り、醤油を付けて食べる現在のにぎり寿司が考案された。

　手軽に食べられたことが江戸っ子の間で大いに評判を呼んだが、価格が安かったことも人気に拍車をかける。ひとつあたり、4文あるいは8文が標準価格だった。現在の貨幣価値に換算すると100円程度だが、そんな低価格に大きく貢献したのが「酒粕」でつくられた酢である。

　にぎり寿司に使われていた酢は米酢だったが、当時は米を原料とする酢の価格は高かった。しかし、酒を搾った際の粕を原料とする酢の醸造が可能となり、低コストで酢がつくれ

るようになる。いわば「廃棄物」である酒粕が原料だからだ。

　さらに、酒粕には甘味があるため、塩と一緒にご飯に混ぜるだけで美味な酢飯がつくれた。ちなみに酒粕を原料とする酢の醸造に成功したのは、尾張国知多郡半田村（現愛知県半田市）で酒造業を営んでいた中野又左衛門という人物だ。のちのミツカングループの創業者である。

●そば屋の隆盛と水車

　江戸以前、そばは製粉したそばを丸めてこねる「そばがき」や「そば餅」などの形で食べられていたが、江戸時代に入ると、麺状に整えられたそば切りが登場する。

　江戸の初期、麺類といえば"うどん"だった。

　うどん屋がうどんを売る傍ら、そばを売っていたのだが、江戸っ子のそば人気が高まると、逆にそば屋でうどんが扱われるようになる。

▶芝居小屋の前に出店したそば屋の屋台。夜に売られることが多かった。「大江戸しばゐねんぢうぎやうじ 風聞きゝ」安達吟光（国立国会図書館所蔵）

万延元年（1860）の江戸町奉行所の調査によれば、江戸には3763軒のそば屋があった。ただし、これは店舗の数であり、屋台のそば屋は含まれていない。屋台も含めれば、5000軒を超えていたと推測される。

　ちなみに、二八そばの語源だが、かけそば1杯16文にかけて2×8＝16文という価格説、そば粉が8割で、小麦粉などのつなぎが2割という配合説がある。

　そば人気を支えたのは、何といっても安さである。

　かけそば1杯でにぎり寿司2〜4個分（約400円）だった。だが、低価格を可能にしたのが「水車」だったことは、あまり知られていない。

　原料のそばにせよ、つなぎの小麦にせよ、製粉作業が必要で、臼で挽いてそば粉や小麦粉にしなければならなかった。

　江戸中期まで、そば屋は農民からそばや小麦のまま買い入れて自家で製粉したが、人力による作業では製粉量に限界があった。そば粉の価格に人件費が上乗せされる格好だった。

　しかし、江戸後期に入ると、農民たちが村の水車を活用して精米だけではなく、製粉も行うようになる。そば粉や小麦粉の形でそば屋に出荷し始めたのだ。一種の機械による製粉であるから、人力よりも大量に安く製粉できた。

　原料のそば粉や小麦粉の価格が下がったことで、そばも安く食べられるようになったわけである。

●高級化も進んだ天ぷら

　天ぷらはもともと西洋から伝えられた揚げ物の料理だが、江戸初期の上方では、魚のすり身に衣を付けた揚げ物が「つけあげ」という名で呼ばれ、人気を博した。

一方、江戸では「胡麻揚げ」という野菜の揚げ物が人気を呼ぶが、やがて魚肉の揚げ物は別に「天麩羅」と呼ばれるようになった。その後、"天ぷら"という名称が定着する。

　油を使うことから、当時天ぷらは外の屋台で揚げられた。匂いや煙が出るほか、引火して火事が発生する危険を避けるには屋外のほうが好都合だったからだ。

　江戸湾で獲れた魚介類（江戸前）の揚げ立てが、串に刺さった状態で屋台に並べられ、タレにつけて食べるのが定番だった。

　価格はにぎり寿司と同じく4文が標準だ。よって、庶民向けの食べ物として人気があった。

　低価格を支えたのは安価な油である。油は主に灯油用として使用され、料理用にはあまり出回らなかったが、江戸中期に菜種や胡麻の生産が盛んとなり、菜種油や胡麻油が大増産されたことで、安価な油を料理用にも回せるようになったのだ。

　天ぷらは、ほかのファーストフードとは異なり、高級化路線も見られた。

　『守貞謾稿』によれば、アナゴ、芝エビ、コハダ、貝柱、スルメが天ぷらの種だったが、江戸後期の文化年間（1804〜18）に鰹などが使われ始めたことが、高級化の始まりだという。

　さらに、「出張てんぷら」という業態も登場する。依頼のあった家に材料と道具を持ち込み、その場で揚げ立てを食べてもらうのである。これも天ぷらの高級化路線のひとつだった。

▲イカ焼きの屋台

▲だんごの屋台

▲天ぷらの屋台

▲寿司の屋台

※いずれも「東都名所高輪廿六夜待遊興之図(部分)」。歌川広重(神奈川県立歴史博物館所蔵)

江戸の漁獲量を支えたのは関西の漁民!?

●巨大都市化で高まる魚の需要

　文政7年（1824）に発行された江戸の自然誌『武江産物志』によると、当時の江戸湾で取れた魚介類はタイ、カレイ、キス、スズキ、ハゼ、シラウオ、ウナギ、アナゴ、イカ、エビ、ハマグリ、アサリなど、実に多種多様であった。江戸湾から水揚げされた海水魚は、江戸っ子にとって、アユやコイなどの淡水魚と共に貴重な動物性タンパク質の供給源となっていた。

　江戸が巨大都市になるにつれて、魚介類の需要も拡大していく。それまでは江戸湾沿岸に居住する漁民たちが江戸の魚市場に魚介類を送っていたが、従来の漁法では需要を満たすほどの漁獲量を確保できなくなる。そこで登場したのが、江戸湾岸に移住してきた関西の漁民たちだった。

　彼らは100人規模での地引網や大型定置網漁法を江戸湾で駆使することで、大量の漁獲高をあげる。これにより、拡大傾向にあった江戸の魚介類の需要を満たすことに成功する。

●浅草海苔の誕生

　関西の漁民たちの活躍に伴って、一連の大規模な漁法が江戸湾沿岸の漁村に根付いていく。しかし、「地獄網」とも称された方法で根こそぎ漁獲されたことで、江戸湾岸の漁民は魚介類の枯渇という事態に直面してしまう。

　その結果、魚を求めて活動範囲の拡大を余儀なくされるが、一方では養殖の技術も進み、江戸湾のうち品川・大森沖で

は海苔の養殖業が盛んとなる。従来は岩に付着した海苔を採取するだけだったが、浅瀬に「ヒビ」と呼ばれた篊染木(そだぎ)を立てることで海苔を付着させる手法が広まるのだ。

品川沖などで養殖された海苔を隅田川沿いの浅草で加工したものが、江戸名物となる浅草海苔の始まりである。

◉日本橋の魚市場

幕府の命により日本橋の魚市場の創設に関わり、日本橋に魚問屋を出店したのも、関西から移住してきた漁民たちだった。

江戸の巨大都市化により、魚介類の需要が拡大していたこ

▲日本橋の魚市場に集まった水産物は棒手振の手によって江戸中に運ばれた。「江都名所日本ばし」『日本橋図会』歌川広重（国立国会図書館所蔵）

とをビジネスチャンスと捉え、江戸に進出してきたのだ。

　幕府が日本橋魚市場に期待した役割は、水揚げされた魚介類を江戸城に納入することであった。将軍の食膳にのぼる魚は御膳魚、あるいは御菜魚と呼ばれた。

●江戸料理を支えた調味料

　魚は加工されることも多かった。今のように冷凍施設がなかったことも、加工技術を発達させる一因だった。

　代表的な加工物には、鰹節などの出汁が挙げられる。

▲鰹節は贈答品として愛用された。「行厨に鰹魚を屠る図」『日本山海名産圖會 5巻』法橋関月（国立国会図書館所蔵）

「眼には青葉　山ほととぎす　初鰹」という俳句に象徴されるように、江戸の初物の代表格として鰹は人気を誇ったが、刺身よりも鰹節として消費されることが多い魚でもあった。
　鰹節は室町時代に生まれた食品だが、品質が向上したのは江戸時代に入ってからである。
　日干しに加えて燻蒸を繰り返すことで乾燥を進行させたが、表面に良質の青カビを付着させて、ほかのカビの増殖を防ぐ製法を導入したことで、品質が向上していく。
　乾燥のみならず、カビ付けを繰り返すことで、香りの高い鰹節がつくられていったのだ。

　そんな鰹節を出汁として使用することで、江戸の料理文化のレベルは向上していく。
　鰹節は「勝男武士」に通じるとして、江戸以前から武士たちにたいへん好まれた縁起物の食品であったが、江戸時代に入って社会が安定すると、町人の間でもお祝いごとの贈答品として幅広く用いられるようになる。
　調味料としては昆布も外せない。昆布は三陸以北にしか自生しなかったが、江戸時代に入ると、海運の整備により、東北産の昆布が大量に関西などへ送られるようになる。
　出汁として使用されただけではない。塩昆布に加工されたり、精進料理に使用されたりしたのだ。

江戸の庶民も肉を食べていた!?

●肉食と稲作の関係

かつて、日本では肉食がタブー視されていた。

よく、殺生禁断を重視する仏教の広がりが背景にあるといわれるが、稲作との関係も無視できないという指摘もある。

邪馬台国が取り上げられていることで有名な『魏志倭人伝』には、倭人つまり日本人は喪に服す間は肉を食べないという記述がある。古代より肉食がタブー視されていたことがわかるが、壬申の乱に勝利して即位した大海人皇子（天武天皇）も、それから3年後の天武4年(675)に肉食禁止令を発令する。

ただし、この禁止令は4～9月までの稲作期間に限定されたものだった。禁止令の対象も牛馬などに限られ、それまで日本人が食べてきた鹿や猪は除外されている。動物の殺生が稲作の妨げ（穢れ）になるという考え方が広まった結果、肉食を慎むことで稲作への害を避けたいという意図があったという。

それだけ、稲が無事に実ることが古代国家にとっては重要だった。米は聖なる食べ物として敬われ、天皇も稲の収穫を祝って新穀を神々に供え、さらに自分も食することで、翌年の豊穣を祈願する新嘗祭を執り行っているほどである。言い換えると、稲作に支障がなければ肉食は許容されたのだ。

江戸時代に入ると、米の収穫高が社会的価値の基準に据えられた石高制社会が到来する。これにより肉食をタブー視する風潮はさらに強まるが、人々が肉をまったく食べなかったわけではない。実際、鳥類などは例外だった。

●実は広く食べられていた鶏肉

　江戸初期にあたる寛永20年(1643)に、『料理物語』という書物が刊行されている。同書には、鴨、キジ、ウズラ、ヒバリなど18種もの野鳥が取り上げられている。鴨の場合で見ると、汁、刺身、なますなど15種以上の料理法が紹介されている。

　現在、鳥類の中で最も食べられている鶏は、卵を産む家畜として飼育されていたこともあり、江戸初期の頃はあまり食べられなかった。鶏の鳴き声には太陽を呼び戻す力があるとされ、神聖視されたことも大きかったようだ。

　しかし、食用だった野鳥が乱獲されて鳥の肉が不足すると、家畜用だった鶏も次第に食べられるようになる。前出の『守貞謾稿』によれば、文化年間(1804〜18)以降、京都や大坂では「かしわ(江戸ではしゃも)」と呼ばれ、ネギ鍋として食べられていたという。庶民の間で鶏肉の人気が高まっていたことが窺える。

　武士の間では鶴の肉も食べられた。それも鷹狩りを楽しんだ将軍から拝領されるものであった。

　鷹を野山に放って鶴、雁、キジ、ヒバリなどの鳥類やウサギなどを捕える鷹狩りは、将軍にとっては、堅苦しい城内の生活から解放され、城外に出られる貴重な機会だった。

　なかでも鶴は長寿の象徴として古来より珍重され、鶴の料理などは最高級のおもてなしとされた。よって、将軍の鷹が捕獲した鶴を拝領した大名側は、宴席を設けて家中で共食することが義務付けられた。大名家では鶴の肉の切り身をお吸い物にして家中で食した。そこには将軍の存在を当該の大名家に改めて周知させようという幕府の目論見が秘められていた。

●獣肉は「山くじら」という名で呼ばれていた

　もっとも、四つ足の動物を食べることは一般的ではなかったのも事実である。しかし、江戸後期にあたる文化・文政期、そして天保期に入り幕末に近づくと、獣肉を調理する店は格段に増えていく。

　『守貞謾稿』によれば、獣肉を扱う料理屋の店先の行燈などには「山くじら（鯨）」という文字が書かれ、店内では山鯨こと猪や鹿の肉にネギを加え、鍋で煮た料理が出されたという。

　肉食をタブー視する風潮に配慮し、あくまでも"鯨"として食べられていたのだ。

　随筆家の寺門静軒が書いた『江戸繁昌記』にも、猪などの獣肉を「山鯨」と称して"薬食い"の名目で食べることが、天保期頃に盛んになったと記されている。

　"薬食い"という理由をつけた上で食べられていたことにも、肉食をタブー視する風潮への配慮が窺える。

　江戸で獣肉を扱う料理屋は、北関東の山間部から「材料」を得ていた。

　狩猟が盛んだった

▲獣肉を提供する店には「山くじら」という看板が掲げられていた。「名所江戸百景 びくにはし雪中」歌川広重（アフロ提供）。

ことから、獣肉の供給源になっていたのである。

　農民たちは猪鍋を「牡丹鍋」、鹿鍋を「紅葉鍋」などと称して食べており、鶏肉以外の獣肉にもあまり抵抗感はなかった。

　「牛肉が食べられるようになったのは明治から」だと思われがちだが、実は江戸時代から、大名の間では牛肉が贈答品として珍重されていた。彦根藩井伊家では、将軍や諸大名に牛肉の味噌漬けを贈って喜ばれたほどであり、すでに上流階級の間では牛肉を食べることは珍しいことではなくなっていた。

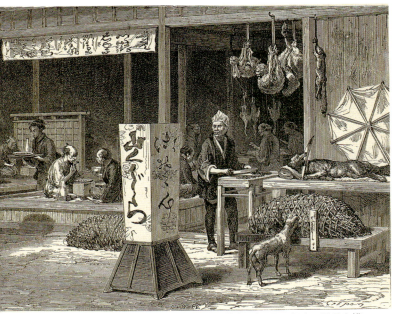

▲スイス人エメ・アンベールが幕末に日本に滞在したときに当時の風景を描いたもの。店の軒先に肉がぶらさがっているのがわかる。『幕末日本図絵』（京都外国語大学付属図書館所蔵）

小松菜の名付け親は"あの人"だった!?

●江戸向けの野菜は近郊農村でつくられた

　100万人を超える世界最大級の消費人口を目当てに、江戸には米をはじめ、大量の生活物資が全国から送られてきた。

　しかし、当時は鮮度を維持する冷凍施設がなかったため、新鮮な野菜などは近郊の農村に頼らざるを得なかった。

　こうして、江戸向けの野菜づくりが近郊農村で活発となる。

　一口に近郊農村といっても、土地柄によって栽培される野菜は異なる。関東ローム層が厚く堆積した江戸西郊台地の農村では、大根・人参・ゴボウなど根菜類の生産が盛んだった。

　一方、荒川・江戸川・利根川などの河川により形成された、江戸東郊の沖積低地に展開する農村では、セリ、レンコン、ネギなどの葉菜類が主につくられた。

　そして、地名と種名を合わせてブランド化していく野菜も登場する。小松菜（葛西菜）はその代表格であった。

　貞享4年(1687)に刊行された江戸の地誌『江戸鹿子』には、江戸周辺の名産として江戸東郊に位置する葛西（現東京都江戸川区）の青菜が取り上げられている。享保20年(1735)に刊行された江戸の地誌『続江戸砂子温故名跡志』でも、葛西菜はたいへん柔らかで甘味もあり、他国にはない逸品と評された。

　葛西菜は美味で知られた江戸の名産だったが、なかでも小松川辺りで生産されるものは質がよく、とくに「小松菜」と呼ばれた。名付け親は8代将軍徳川吉宗と伝えられている。

　吉宗が鷹狩りで小松川を訪れた際、地元の農民が葛西菜の

すまし汁を進上したことがあった。吉宗はその味に舌鼓を打ち、小松菜という名を与えたのだという。将軍が小松菜のブランド化に大きく貢献していたことがわかる。

野菜は「前栽物」とも呼ばれるが、幕府は江戸城や近郊農村に御前菜畑をつくり、将軍が食べる野菜を栽培させていた。

たとえば高級野菜として知られたマクワウリなどは、多摩郡府中に御瓜田と呼ばれた御用栽培場をつくり、美濃国上下真桑村から移住させた農民に栽培させた。

▲葛西菜の味に満足した吉宗は、これを「小松菜」と名付けた「徳川吉宗肖像」（和歌山市立博物館所蔵）

●ブランドとなった練馬大根

小松菜と共にブランド化した野菜の代表格として、練馬大根は外せない。江戸西郊の農村にあたる現在の東京都練馬区周辺は、根菜類の中でも大根づくりが盛んな地域であった。

煮物用として生のまま江戸に出荷する一方で、自家で製造

するたくあん用として干大根で出荷した。

練馬大根は5代将軍徳川綱吉の治世である元禄の頃より生産が拡大し、江戸名産の仲間入りを果たす。享保期には品種が改良され、将軍に献上されるまでになった。

この時代、将軍の代替わりの際には外交関係のあった朝鮮の使節が日本に派遣されるのが習いだった。いわゆる朝鮮通信使の来日だが、帰国の際のお土産に練馬大根が選ばれたことはあまり知られていないだろう。

もっとも、朝鮮に戻るまでに大根の鮮度が落ちてしまうため、大根そのものではなく、種と練馬の土を持たせた。練馬の土壌でないと、種が期待通りに育たなかったからだ。

練馬大根をたくあんに加工する場合は、酒樽や酢樽から転用された4斗樽(蓋の直径と樽の高さは54センチ)で漬け込むのが通例で、一度に60〜70本の干大根が漬けられた。

なお、自家用にとどまらず、江戸出荷用として大量生産する場合は、「とうご」と呼ばれた大樽(蓋の直径158センチ、高さ182センチ)が使用された。

4斗樽の60倍以上の容量があり、4000本以上の干大根を漬けることが可能であった。30〜50キロの石が漬け物石として30個以上も載せられたという。

●江戸の3大青物市

江戸に向けて野菜を出荷した地域は、江戸から約30キロ以内の範囲の農村だったが、これは陸路の場合である。水運が使える場合は50〜60キロの範囲にまで広がった。

江戸近郊農村で生産された野菜は、江戸城や周辺の武家屋敷に納められたほか、青物市場に送られた。神田・駒込・千住

▲練馬大根もブランド化した野菜のひとつ。「練馬大根漬込図」大森輝秋（練馬区提供）

の3市場がその代表格である。

　神田市場の場合、水運を活かす形で江戸東郊の農村でつくられた野菜が運び込まれた。幕府からは江戸城に新鮮な野菜を納める義務も課されており、問屋がその業務を果たした。

　駒込市場には、中山道や日光御成道沿いの農村でつくられた野菜が送られた。通常、問屋は荷主の農民から口銭を取って野菜を預かり仲買に売り捌いたが、駒込市場では問屋を介さずに野菜が売買された。荷主の農民と仲買、そして小売りの八百屋が直接売買していたことが、ほかの市場には見られない特徴である。

　日光街道千住宿にあった千住市場には、日光街道や水戸佐倉道沿いの農村でつくられた野菜が送られた。近くを荒川が流れていたため、川魚市場（問屋）もあった。

江戸で人気の果物はみかんとぶどう!?

●町奉行が価格の高騰を警戒!?

　江戸の近郊農村では、果物の栽培も盛んだった。

　日本原産の果物には梨、栗、柿などがあるが、奈良時代に入ると、桃・みかん・キンカンなどが登場する(ただし、現在のものとは異なる)。だが、当時は宮中や貴族社会における贈答用であり、梨や柿以外は、庶民にとって縁遠い高級品だった。

　室町時代には、ぶどう・スイカなどの栽培が始まる。

　江戸時代には全国各地で果物が特産品となっていくが、8代将軍吉宗の時代に作成された『諸国産物帳』によれば、梨、柿、桃、梅、いちごの順で栽培が盛んだった。

　その後、宝暦4年(1754)に刊行された『日本山海名物図会』には、大和御所柿や紀州みかんが特産として挙げられている。

　江戸では新鮮な果物が人気だったため、生産者である農民側には早めに出荷する傾向が見られた。品薄の時期なので値段は高かったが、それでも争うように買われるほどの人気を博したからである。

　しかし、価格の高騰を嫌う町奉行所は、早くも貞享3年(1686)に出荷制限の法令を発令している。

　なお、『守貞謾稿』によると、果物はもともと「菓子」と呼ばれていたが、江戸時代に入ると京都・大坂では果物、江戸では蒸菓子などとの比較で水菓子と呼ばれるようになったという。

●紀州みかんと豪商紀伊国屋文左衛門

　江戸の果物の代表といえばみかんである。温暖な地域の特産物であることは今も同じだが、江戸っ子にとって最も身近なみかんの産地は紀州（現在の和歌山県と三重県南部）だった。

　農学者として知られた大蔵永常が著した『広益国産考』によれば、三都に出荷されたみかんは年間で150万籠にも達したという。1籠に何個入っていたかは不明だが、ゆうに1000万個は超えただろう。

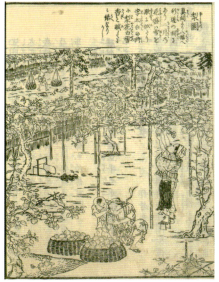

▲梨園の風景。場所は現在の千葉県市川市付近。『江戸名所図会　7巻』（国立国会図書館所蔵）

　紀州みかんは、戦国時代にあたる天正年間（1573～93）に肥後国（現在の熊本県）の八代から紀伊国有田郡にみかんが移植されたのが始まりである。土地柄にも合って、美味なみかんができたことから、紀州全体に生産が広まった。

　江戸初期、紀州の国主は浅野家だったが、大坂夏の陣のあとに広島へ転封されると、徳川家康の10男頼宣が新国主となる。紀州徳川家の誕生である。初代紀州藩主となった頼宣は、有田産のみかんを気に入り、その増産を奨励したため、紀州みかんの生産は飛躍的に高まった。

江戸をはじめ三都に大量に出荷されたことで、みかんの価格は安くなる。こうして、上流階級の贈答品だった高級なみかんは大衆の果物に変身していったのだ。

　紀州から海上輸送されたみかんは、まず日本橋四日市町の広小路に水揚げされた。そこで開かれていたみかん市を通じて果物を扱う商人の手に渡り、市中に流通する流れである。

　紀州みかんはほかのみかんに比べると皮が厚く、美味という評判を得たこともあり、江戸でトップシェアの座を獲得した。

　明治に入ると、中国から入ってきた温州みかんの栽培が広まり、江戸改め東京での紀州みかんのシェアは低下した。

　そして、トップシェアの座はついに温州みかんに奪われることになる。

● 甲州ぶどうと多摩川梨と立石柿

　室町時代から日本で栽培され始めたぶどうは、江戸時代に入ると甲斐国、なかでも勝沼が最大産地として台頭する。

　元禄８年（1695）刊行の『本朝食鑑（ほんちょうしょっかん）』中の「ぶどう」の項には、産地としては甲州が最大で、駿河がこれに次ぐ。ともに、江戸に送られたという記述がある。

　それだけ、ぶどうはみかんと並んで人気の高い果物だった。

　大量に出荷されたことで価格が安くなり、高級な果物から大衆の果物に変身していった事情も同じだ。江戸での大需要を受けて、増産された結果ともいえるだろう。

　甲州のぶどうは、勝沼宿の問屋から神田の青物市場へと直送された。神田青物市場は江戸城に新鮮な野菜を納める義務を幕府から課されていたが、ぶどうの献上も例外ではなかった。

　ただし、献上分以外は余剰分として販売することが許されて

いた。ぶどうの取り扱いを許可されたのは水菓子問屋だった。

　江戸の町では、自宅の庭で果物を栽培する事例も見られた。『南総里見八犬伝』などの作品で知られる戯作家の曲亭（滝澤）馬琴は、屋敷の庭で柿・桃・梨、ぶどうなどの果物を栽培していた。自家用のみならず、これを売って現金収入を得ていた

▲女性の手元にスイカが盛られている。「十二月ノ内　水無月土用干」歌川豊国（国立国会図書館所蔵）

様子が日記からは窺える。

大名が将軍から菓子を受け取るイベントがあった!?

●花見文化が生んだ桜餅

いつの世も甘いお菓子は人気があるが、江戸時代は多種多様な菓子が次々と誕生した時代でもあった。

なかでも高い人気を誇ったのは「長命寺桜餅」である。

江戸時代、春になると隅田川堤（墨堤）には桜が咲き乱れた。「長命寺桜餅」は、この季節の菓子として考案されたもので、隅田川沿いには、その起原となった長命寺が今も建っている。

隅田川堤が桜の名所となったのは、8代将軍吉宗が桜を植樹させたことに端を発している。長命寺の近くにも数多くの桜が植えられたが、花見の時期を過ぎると葉は落ちてしまう。

この大量の落ち葉に目を付けたのが長命寺の門番だった。塩漬けした落ち葉で餡入りの餅を挟み、販売したのだ。

これが「長命寺桜餅」の始まりと伝えられている。

戯作家の曲亭馬琴の『兎園小説』によれば、文政7年（1825）には桜餅製造のために塩漬けされた桜の葉は

▲長命寺で桜餅を販売していた看板娘。「江戸名所百人美女　長命寺」歌川国貞（東京都立中央図書館特別文庫室所蔵）

77万5000枚にも及んだという。餅ひとつに桜の葉が2枚使われたことを考えると、年間38万7500個の桜餅が製造された計算である。桜餅の人気ぶりがよくわかる数字だ。

🌸 嘉祥の日・玄猪の日

　毎年6月16日、江戸在府中の諸大名は江戸城に登城することが義務付けられていた。この日が「嘉祥の日」だったからだ。

　嘉祥とは疫気を払うため、16個のお菓子を神に供え、その後、神棚から下ろして食する行事のことである。

　平安時代に始まる宮中行事だが、幕府は「将軍から下賜された菓子を食べれば疫気が払える」として、諸大名を対象に執り行う江戸城の年中行事に組み入れる。

　嘉祥の日、諸大名は江戸城に登城し、将軍から菓子を下賜された。会場は城内で最も広い空間・大広間である。将軍手づから諸大名に渡すのが原則で、2代将軍秀忠の頃までは三百諸侯1人ひとりに手渡していた。そのため、以後2～3日ほど将軍は肩が痛かったという。将軍が下賜した菓子は饅頭、羊羹などで、総数2万個以上にも達した。

　将軍が下賜した饅頭や羊羹は江戸っ子の間でも人気の菓子だったが、当初原料の砂糖は輸入に頼らざるを得ず、その値段は高かった。しかし、江戸後期に入ると、砂糖が国産化されて生産量が増加し、価格が低下する。こうして、現在のような甘い饅頭が手軽に食べられるようになるのだ。

　一方、羊羹は餡に小麦粉と葛粉を加えて蒸した蒸し羊羹が主流だった。しかし、前述の砂糖価格の低下により、餡に砂糖と寒天を加えて練りながら煮詰めた練羊羹が主流となっていく。

江戸時代、菓子にまつわる記念日として玄猪の日もあった。

　玄猪の日とは亥の月にあたる10月最初の亥の日のことである。亥の子に見立てた餅（亥の子餅）を亥の月、亥の日、亥の刻に食すると、無病息災がもたらされると信じられていた。

　猪は多産な動物であり、亥の子餅を食すると子孫繁栄がもたらされるという言い伝えもあった。

　無病息災のほか子孫繁栄の御利益も得られることから、将軍が諸大名に亥の子餅を下賜することも江戸城中における恒例の行事となるのである。

●砂糖の国産化

　桜餅や饅頭などに象徴されるように、甘味のある菓子は江戸庶民にとっても身近なものになっていくが、その大衆化を支えたのが砂糖生産量の増加だった。

　前述したように、江戸後期に入ると、砂糖の国産化が実現する。江戸前期には、わずかに奄美大島や琉球で砂糖きびが栽培されるのみであったため、ほとんどの砂糖は輸入に頼らざるを得なかった。つまり、それだけ金銀が海外に流出していたのだ。

　この事態を危惧した幕府は、8代将軍吉宗の時代に、砂糖の生産を全国に向けて奨励する。砂糖の国産化を実現することで国内需要を満たすとともに、金銀流出を防ごうとしたのだ。

　大まかにいうと、砂糖には白砂糖と黒砂糖がある。

　黒砂糖を精製したのが白砂糖だが、奄美や琉球でつくられたのは黒砂糖だった。黒砂糖は庶民が食べる駄菓子や料理に使用されたのに対し、白砂糖は茶席に出される上等な菓子をつくるために使われた。

▲嘉祥の日、将軍は諸大名にみずから菓子を手渡した。「千代田之御表六月十六日嘉祥ノ図」楊洲周延（国立国会図書館所蔵）

　白砂糖のほうが高級だが、国内では生産できなかったため、とくに白砂糖の国産化が目指されたわけである。
　砂糖きびの栽培に特別熱心だったのは、讃岐の高松藩だ。
　特産物として江戸や大坂に出荷すれば、莫大な利益が期待できるからである。その結果、同藩は、試行錯誤を重ねた末に上質な白砂糖の製造に成功し、讃岐の和三盆が誕生する。
　こうして、讃岐は日本一の白砂糖の産地となるが、高松藩の成功に刺激を受けた他藩も製糖に取り組む。その結果、国内生産量が輸入量をはるかに凌駕し、砂糖の国産化が実現したのである。
　砂糖は菓子づくり以外にも広く用いられた。『守貞謾稿』によると、そば屋、天ぷら屋、鰻屋などで大量に消費されたという。
　砂糖は江戸のファーストフードの発展を陰で支えていたのだ。

第3章 江戸のファッションと身だしなみ

遊女の流行が着物のあり方を変えた？

● 「小袖」がもたらした着物の大転換

現在の着物の母体となっているのは、袖口が小さく、垂領で上下一部式の衣服である「小袖」である。

束帯や狩衣などの大袖の衣服に対して、袖が小さい衣服であったことから小袖と呼ばれた。垂領とは、左右の襟を引き違えて斜めに合わせる着用法のことである。

平安時代まで、小袖は貴族にとっては下着、庶民にとっては労働着だったが、鎌倉時代に袂※が小袖に加わると武家も着用するようになる。室町中期からは女性の表着として着用され始め、その後男性もこれにならった。そして江戸時代を迎えると、男女の表着が小袖に統一されていく。

身分や男女の別にかかわらず、表着が小袖中心となると、デザインで男女の違いが表現され始める。

小袖は上下一部式の衣服であり、その背面を中心に広い平面を使ってデザインを表現できるメリットがあった。

こうして、大きな文様のゆったりとした配置を特徴とする「寛文小袖」が登場する。寛文期（1661～73）は4代将軍徳川家綱の治世下であり、江戸前期までは小袖の全面に文様が配されたものが好まれていたことがわかる。

ただし、江戸中期に入ると、文様は裾のほうに重点が置かれるようになる。宝暦期（1651～64）には、裾から7寸～1尺（21～30センチ）ほどの範囲の裾模様も現れる。

大袖と小袖の違い

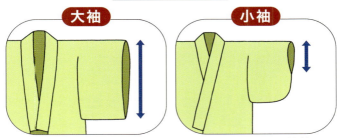

袖口が大きく開いているものが大袖。狭くなっているのが小袖。

小袖の流行

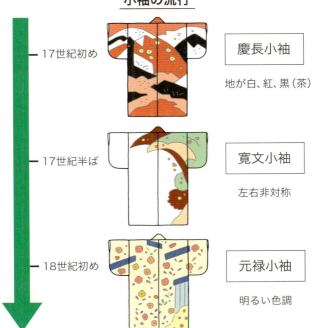

- 17世紀初め　慶長小袖　地が白、紅、黒(茶)
- 17世紀半ば　寛文小袖　左右非対称
- 18世紀初め　元禄小袖　明るい色調

※和服の袖の下の袋状になっている部分のこと。

●帯はなぜ幅広になったのか？

　小袖のデザインに注目が集まると、その流行を牽引する役割を担った雛形本が続々と登場してくる。

　寛文期から寛政期（1789〜1801）にかけての約150年で、約120種の小袖雛形本が出版された。その大半は、染織の一大センターとしての顔を持つ京都の版元による出版だった。

　雛形本は背面図をメインとし、文様、技法、配色の説明文が加えられるのが定番の構成である。

　延宝5年（1677）に刊行された『新板小袖御ひいなかた』は、浮世絵師の菱川師宣が作画を担当していた。

　しかし、江戸中期に入ると、それまで小袖を固定するためだけの役割だった帯に変化が現れる。従来、帯はひも状のものに過ぎず、装飾性もなかった。その幅も2寸5分〜3寸（7.5〜9センチ）に留まったが、幅も丈も拡大していく。江戸前期から1世紀ほどで、女性の帯の幅は3〜4倍に拡大した。

　一連の帯の変化を主導したのは、遊女だった。

　遊女の間で帯を幅広なものにするスタイルが流行し、それが一般の女性に広まり、男性もこれにならったのだ。

　それに伴い、小袖の文様は上下に分断され、小柄で細密な表現の文様が主流となる。江戸中期以降、幕府が江戸の町人に対して贅沢な衣服の着用を何度となく禁止したことも、その傾向に拍車をかけた。衣服ではなく、文様に趣向を凝らしたのだ。

　こうして、江戸後期には派手な色ではなく、渋い色合いの小袖が好まれるようになる。文様も裾のほうに集中し、表が無地で裾裏に文様を施す事例まで生まれた。地味で目立たないながらも、垢抜けた「粋」が尊ばれたのである。

●江戸初期の足袋は革製だった

　江戸時代、足袋にも変化が見られた。足袋といえば、木綿製で、丈は短く、小鉤(こはぜ)で足首に留めるものが定番だが、この形態になったのは江戸後期に入ってから。江戸初期まで、足袋は男女を問わず革製であった。

　明暦3年(1657)、いわゆる明暦の大火が起きると、燃えにくい革製足袋の需要がさらに高まった。しかし、品薄になり、価格が高騰する。当時は木綿が普及していたこともあり、価格の高騰は材料が革から木綿に変わる大きな要因となった。

　元禄期(1688～1704)からは柿色の木綿足袋が流行するが、並行して筒の長さが短くなっていく。その後、筒の短い足袋が広まると、小鉤で固定するような新しいスタイルが次々と考案され、現在に至っている。

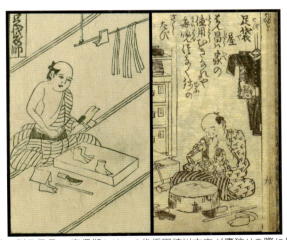

▲足袋の製作風景。享保期には、8代将軍徳川吉宗が鷹狩りの際に履いたことがきっかけで紺色の木綿製足袋が男性の間で大流行した。　左：『人倫訓蒙図彙』6、右：『宝船桂帆柱』(いずれも国立国会図書館所蔵)

出張理容サービスは驚きの安さだった!?

●男性の髪型の特徴「月代」

　江戸時代の成人男性の髪型を見ると、現代人とは大きく異なる点がある。月代だ。

　月代とは、額から頭の中央にかけて半月状に髪を剃ることで、浪人や医師などを除き、当時は月代を剃るのが一般的だった。

　月代の風習が普及していくと、剃り残した髪は結い、元結をもって「髷」とするスタイルが確立される。

　これが、いわゆる「丁髷」である。

　医師や学者の中には、月代を剃らずに総髪※にする者もいたが、月代は成人男子の嗜みとされたため、総髪はかなり特殊な例だと考えられていた。

　江戸時代にも、髪型の"はやりすたり"はあった。

　江戸の初期に流行したのは、「茶筅髷」。

　頭頂の後方で髪をまとめ、その根から元結で3〜4寸（約9〜12センチ）巻き、先端を房状にした髪型である。茶筅の形に似ていたことで茶筅髷と呼ばれた。

　江戸中期に入ると、髷の形が様々な形に工夫され、流行が生まれる。

　享保期（1716〜36）には、人形使いの辰松八郎兵衛が始めた結び方とされる辰松風が登場する。髷の根本を高く付き上げ、月代に先端が突き刺さるようにした髪型だ。

　次の元文期（1736〜41）には、辰松風の髷の折りの部分を緩やかにした文金風が流行した。

男性の髪型のつくりと変遷

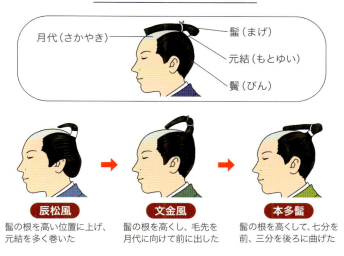

元文元年(1736)に幕府が発行した元文小判・一分金は文金と呼ばれたが、同じ年にこの髪型が始まったことで、文金風と名付けられたのである。

明和・安永期(1764〜81)には、髷を高くした上で七分を前に三分を後ろに分けた本多髷が流行する。譜代大名の本多家の家中から広まった髪型だが、「本多八体」と称されるように、様々なバリエーションを見せるほど流行する。

本多髷の流行が収まった後は、時代劇でよく見るような銀杏髷が流行する。髷の先を銀杏の葉のように広げたことが名称の由来とされる。

●大きく変化した女性のヘアスタイル

次は女性の髪型を見てみよう。江戸以前、成人女性の髪型

※伸ばした前髪を後ろになでつけ、後頭部で髪を引き結ぶ髪型。

は垂髪だったが、江戸時代に入ると男性の髪型の影響を受けて、結髪へ移行していく。とくに庶民の女性は動きやすさを考慮し、髪を束ねて結ぶようになった。

江戸の町で最初に流行したのは唐輪髷である。

頭頂で髪の輪を複数つくり、その根を余った髪で巻き止める髪型だ。

唐輪髷を簡略化したのが兵庫髷。摂津国兵庫の遊女が結い始めたことが起源だとされており、江戸初期に流行した。

次に流行したのは、島田髷だ。

前髪、左右側面の髪である鬢、後方の髪である髱を張り出した上で、髷を折り返して中ほどで締めたものである。東海道島田宿の遊女が始めたとされるが、主に未婚女性の結髪として幕末まで続いた髪型だった。

吉原の遊女・勝山が始めたとされる勝山髷も人気だった。後方で束ねた髪を元結で括り、先を細めにした上で前に曲げて輪をつくった髪型だ。

その勝山髷から発展したのが丸髷である。主に既婚女性の髪型だったが、年齢によって髷の大きさや厚みが異なった。若い女性ほど大きく、年配の女性ほど小さかったらしい。

なお、女性の髪を飾る装飾品の変化も見逃せない。

江戸初期、櫛や笄は黄楊や鯨髭でつくられていたが、その後、ベッコウや鹿の角を使ったものが登場する。享保期にはビードロ（ガラス）の笄が流行した。

●髪結床と女髪結の登場

こうした髪型を維持していくためには、懐の寂しい町人たちも「髪結床」に通わなければならなかった。髪結床とは、今でい

女性の髪型の流行

唐輪髷

中国の女性の髷を模した。
頭頂部で髪の輪をつくり、
余った髪は根本で巻いた

兵庫髷

唐輪髷の簡略型。
名前の由来は兵庫の遊女
が結い始めたことから

島田髷

未婚女性の髪型として
一般的だった。
身分や階層によって
様々な様式があった

勝山髷

「勝山」という遊女が
始めたとされる髪型。
大きな輪が特徴。
武家の妻女に好まれた

う「理容室・美容院」にあたる。

　髪結床には、橋のたもとや河岸地、広小路、町境などを利用して床場を構えた「出床」と、家を借りて営業する「内床」の2種類があった。

　髪結の仕事場は固定した髪結床とは限らない。道具一式を収めた道具箱を持ち、得意先を回ることもあった。

　料金は時期によってまちまちだったが、通常は20数文。かけそば1杯16文より少し高い程度の価格である。

　江戸中期以降、髪結床の設備は次第に整えられ、町の社交場としての顔を持つようになる。順番を待つ客のために囲碁や将棋盤を備えるほか、絵草紙を見せるサービスまであった。

▲娯楽が充実していた髪結床は社交場としての役割も果たしていた。「柳髪新話」『浮世床』（国立国会図書館所蔵）

▲嘉永6年(1853)の町奉行所の調査によれば、江戸市中に1400人を超える女髪結が活躍していた。「春雨豊夕栄」歌川豊国(国立国会図書館所蔵)

現在でいえば、待合室で雑誌を読むようなものである。

女性は自分で髪を結うものとされていたが、髪型が自分の手に負えないレベルになると、専門の女性髪結、つまり「女髪結」に依頼することになる。

女髪結は既婚で子持ちの女性が多かった。髪結床のような床場は持たず、道具箱を持って顧客のもとを訪れ、注文通りの髪型に整えた。料金は1回あたり200文(今の金額でおよそ5000円)と割高だったが、需要は大きかった。それだけ、女性の髪型が精巧なものになっていたということである。

ふんどしには3つの種類があった!?

●上半身の下着は襦袢

　江戸時代、小袖などの表着の下に下着として着用したのは、上半身ならば襦袢で、下半身ならば「ふんどし」だった。

　上半身用の襦袢は、もともと丈の短い半襦袢であったが、江戸中期に丈の長い長襦袢が登場したことで、半襦袢と長襦袢の2種類に分化していく。

　半襦袢は木綿あるいは縮緬製だったが、木綿製は裏地を付けない単で、縮緬製は表と裏を合わせた袷として仕立てられた。

　一方、長襦袢は袷である。表は絹の緋縮緬、肌に触れる裏には木綿が用いられた。

　江戸時代の社会風俗書『守貞謾稿』によれば、男性や御殿女中（宮中や将軍家などの奥向きに仕えた女中）は半襦袢、町人の女性は長襦袢を肌着として着たという。

　襦袢の上には、防寒のために表着と同じ形の下着を重ねて着ることもあった。これを「襲下着」と呼んだが、白絹で仕立てられた下着が正式のものとされた。

　江戸後期に入って更紗が安価で手に入るようになると、晴れ着の下着に用いられ始める。更紗で仕立てた襦袢が流行したのである。

　なお、刺繍などで様々な文様を施した半襟を、襦袢の襟の上にかけることも流行した。

●3種類のふんどし

次は下半身用の下着である。男性の下半身の下着はふんどしで、主に3種類のタイプに分けられる。

最もよく使用されたのは、六尺（約1.8メートル）の長さの晒でつくられた六尺ふんどしである。

幅は狭く、腰にしっかりと巻き付けることができたため、体を動かす労働には好都合だった。

六尺ふんどしの半分の長さのものは、越中ふんどしと呼ばれ

ふんどしの種類

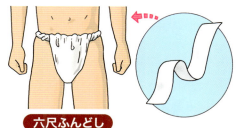

六尺ふんどし
長さ約1.8メートルの長い布きれ。強く締めつけるので肉体労働をするときに好まれた

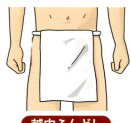

越中ふんどし
布の端にひもを通したもの。締めつけがきつくないので肉体労働には不向き

もっこふんどし
短い布の両端にひもがついていて、脇で結ぶ。いわゆるひもパンなので着脱が簡単

た。布の左右についたひもを持って、腹の辺りで結ぶスタイルだ。きっちりと腰に巻き付けられなかったため、六尺ふんどしに比べると、労働には不向きであった。

もっこふんどしは、越中ふんどしを簡略化したものである。短い布の両端にひもを通し、脇で結ぶスタイルだった。

当初、ふんどしの布地は麻であったが、やがて白木綿が主流となっていく。上等なふんどしとなると、絹や羽二重、縮緬で仕立てられるのが通例だった。

女性のふんどしは現在の腰巻に近いもので、「湯文字」という別称があった。入浴時に下半身を覆うのに用いたことから、そう呼ばれたのだ。布地は木綿だったが、緋色の縮緬で仕立てられたものも多かった。

江戸後期に入ると、歩くときに裾からふんどし（腰巻）が見えてしまうのを防ぐため、その上に緋色の縮緬で仕立てた裾避けが着用されるようになる。もとは京都で始まった風習だが、江戸では「蹴出し」の名称で呼ばれた。

❀木綿の国産化と普及

江戸時代は木綿製の衣服が広く着られた時代だった。その背景としては、木綿の国産化が達成されたことが挙げられる。

大陸から日本に綿花が渡来したのは平安初期のことだが、折悪しく日本の風土に合わない品種だった。そのため、このときは栽培されるまでには至らなかった。

しかし、戦国時代に入ってから、朝鮮半島を経由して渡来した明の綿花は日本の風土にマッチする。その結果、江戸時代にかけて、綿作が急速に国内で広まる。

綿花つまり木綿の需要が大きかったのは保湿性の高さに加え、

麻などほかの植物繊維の布に比べると、糸づくりや染色が容易だったことが挙げられるだろう。

従来、綿花つまり木綿は輸入品に頼っていたが、その栽培が盛んになったことで、ついに国産化が実現する。寛永～慶安期(1624～52)の頃という。それに伴って各地で綿織物業が発展する。特産物として藩財政を潤す事例まで見られた。

江戸時代は、綿作が最盛期を迎えた時代であった。それを追い風として、下着に限らず国産の木綿織物が普段着として定着していくのである。

▲綿作が盛んになると保湿性の高い木綿の下着が広く普及した。「白木綿地小花文様印度更紗下着」(江戸東京博物館所蔵／東京都歴史文化財団イメージアーカイブ提供)

シャンプーは海藻＋うどん粉だった!?

◉洗顔料は糠と洗い粉

　江戸時代は、化粧産業が大きく発展した。薬種問屋街として知られた日本橋の本町は、化粧品を扱う問屋街でもあった。

　化粧への関心の高さから、文化10年（1813）に出版された化粧法の解説書『都風俗化粧伝』などは、大正時代まで読み継がれる一大ロングセラーとなる。文政2年（1819）には『容顔美艶考』も刊行され、人気を博した。

　白粉や口紅は江戸の化粧品の代表的なアイテムだが、その前の洗顔に使われたのが糠袋や洗い粉だった。

　糠は玄米を白米に精米するときに出るもので、容易に入手できた。そのため、身近な洗顔料として庶民の間に普及していく。

　木綿の布を袋状に縫い合わせた袋の中に糠を入れ、ぬるま湯に浸して絞る。そして、顔をなでるように滑らせて洗った。豆の粉やウグイスの糞も混ぜている。糠は使い捨てだったが、湯屋の番台では1回分の糠を4文で売っていた。

　江戸では湯屋が普及していたこともあり、入浴時に洗顔するのが日常的だったが、その際には体の汚れを取るための洗い粉も洗顔に使われた。小豆や大豆を臼で挽いてパウダー状にし、香料を加えたものが「洗い粉」として市販され、湯屋の番台などで売られた。前出の『都風俗化粧伝』には、糠袋に洗い粉を入れて顔を洗えば、脂をよく取り除くことができ、肌のキメが細かくなると記述されている。

●もろ肌を脱いで洗髪

　江戸の町人は毎日のように湯屋に通い、その折に洗顔もしていたが、必ずしも洗髪したわけではない。洗髪となると、結い上げた髪をいちいち解かなければならなかったからである。

　『守貞謾稿』によれば、洗髪は月に一～二度だったが、さすがに夏に入ると頻繁に洗髪していたようだ。

　浮世絵にもよく描かれる通り、女性の場合は金盥(かなだらい)に水を入れた状態で髪をほぐしながら洗った。場所は家の縁側、井戸端などで、もろ肌を脱いだ格好で洗髪している。

▲江戸の女性たちは糠を使って洗顔をした。「御殿山」『江戸名所百人美女』歌川国貞（東京都立中央図書館特別文庫室所蔵）

● 江戸版シャンプーと整髪料

現代のシャンプーにあたる洗髪料としては、海藻のふのりを熱い湯に溶かし、うどん粉を混ぜたものが使われた。

髪にすりつけてよく揉み、その後、熱いお湯ですすいでから水で洗えば、油や匂いもきれいに落ちてツヤも出たという(『都風俗化粧伝』)。

江戸後期に入ると、様々な髪型が生まれたことで、整髪料つまり髪油の需要が拡大していく。胡麻・クルミ・ツバキ・丁子などの油が髪油として広く用いられたが、とりわけ整髪で重宝されたのが「伽羅の油」である。

蠟に松脂を混ぜ、さらに香料を練り合わせたものであり、現代の鬢付け油のもとになった。

なお、「伽羅の油」は香木の伽羅のことではなく、上質な商品であることをアピールするためのネーミングだった。

● 大ヒットした化粧水「江戸の水」

化粧前の洗顔に糠袋や洗い粉を使った後は、いよいよ白粉を付ける段となるが、のりをよくするための下地として「化粧水」が広く使われた。

自家製でヘチマの水からつくられたものがあったが、商品化された代表的な化粧水は「花の露」「江戸の水」だ。

「花の露」は、芝の神明宮(現芝大神宮)前で出店していた化粧品店の「花露屋」で売られた化粧水である。当初は化粧油として市販されたが、江戸後期には油を使わない化粧水として人気を博し、明治まで続くロングセラーとなる。

その製法は次の通りである。3段になっていた蒸留器の一番下の段に水、中段にいばらの葉、一番上の段に水を入れて

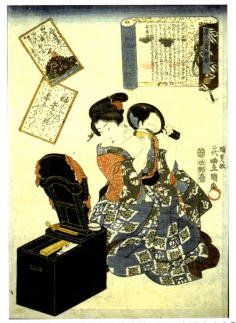

▲化粧中の女性。「百人一首絵抄 四 山辺赤人」『東錦絵百人一首』国貞改二代豊国（国立国会図書館所蔵）

火にかけると、蒸された花の成分を含んだ蒸気が上段の水で冷やされ、中段から蒸留水が落ちてくる。これに香料を加えるとできあがりだった。その効能書きによると、顔に塗れば光沢が出て、香りがよくなり、肌のキメも細かくなるという。

「江戸の水」は、劇作者の式亭三馬が文化8年（1811）に化粧品街だった本町に開店した店で売り出した化粧水である。白粉がよくのり、ニキビなどの肌荒れに効くというウリだった。

「江戸の水」というネーミングの良さ、箱付きのガラス瓶入りで売り出した手法がお洒落で女性にウケたこと、自分の作品の中でも宣伝したことなどが相まって、大ヒット商品となった。

湯屋の2階は情報スポットだった！

●格安だった湯屋の料金

　江戸では、町人が風呂を持つことはあまりなかった。

　火事に対する恐れ、燃料である薪の価格の高さ、水が不自由なことなどが主な理由である。手間や費用などを考えれば、自宅に風呂をつくるよりも、湯屋（銭湯）に出かけたほうが、ずっと安上がりで好都合だった。

　こうした風呂事情を反映して、江戸は湯屋の数がたいへん多かった。そもそも、江戸の湯屋は、家康が江戸に入った翌年の天正19年（1591）の夏、伊勢与一という者が銭瓶橋（現千代田区大手町付近）のほとりで、永楽銭1文の料金で入浴させたことに始まる。

　その後、湯屋の数は江戸が巨大都市化するに伴って増加。町ごとに湯屋が営業するほどの数となり、文化11年（1814）には、その数は600軒余にも達した。

　江戸で湯屋が多かった理由としては、気候事情も関係していた。風が強かったため、ホコリをかぶりやすく、毎日風呂に入ることが習慣になっていたのだ。

　入浴料はほかの物価に比べると格安だった。江戸中期にあたる明和年間（1764〜72）までは、大人が6文、子どもが4文。

寛政6年（1794）からは大人が10文、子どもが6文。天保年間（1730〜44）になると、子どもは8文となる。当時の物価を見ると、かけそば1杯が16文であるから、その半額ほどに過ぎない。

　格安料金だったからこそ、懐の寂しい江戸っ子でも、毎日のように湯屋に通えたわけだ。あるいは、湯屋の側からすれば、それだけの頻度で利用されたからこそ、料金を格安に設定することができたといえるかもしれない。

●湯屋でのサービス

　湯屋の営業時間は、寛文2年（1662）に日の出から日の入りまでと定められたが、実際のところは、日没後も湯が冷めない間は営業を続けた。午後8時頃までは客が来ていたという。

▲湯屋の風景。当時の風呂は男女混浴だった。「肌競花の勝婦湯」豊原国周（国立国会図書館所蔵）

客層は時間帯によって異なる。朝は仕事に出かける前の者や隠居身分の者。午後は手習いから戻った子どもや仕事が終わった者たち。湯屋は1日中、人の出入りが絶えなかった。

　番台では、体をこする糠袋や体をぬぐう手拭いがレンタルされたほか、体の汚れを落とすための洗い粉が売られた（→102ページ）。楊枝や歯磨きも売られている。

　洗い場の桶は、無料で使用できる共用の桶と有料の桶があったが、有料の桶は、留桶と称された。

　懐に余裕のある者は、留桶のほか、「三助」という湯屋の奉公人を雇って体を糠袋でこすらせている。風呂焚きはもちろん、湯屋の雑用一切は三助の仕事だった。

● 2階座敷は男たちの社交場

　風呂から上がると、男性は湯屋の2階に設けられた専用の休憩所でくつろぐことが多かった。一方、女性には専用の休憩所は設けられていない。男性の数が女性の数よりも圧倒的に多かった江戸の特徴が、こんなところにも表れている。

　湯屋の2階は、無料で利用できたわけではない。入浴料と同じぐらいの料金を支払うことで、自由に利用できた。

　利用料は8文。菓子もひとつ8文で売られていた。お茶付きだろう。入浴料は安く設定されていたが、2階で客にお金を落としてもらうことで、経営の安定化を図ったのだ。

　実は、2階を利用したのは町人だけではない。武士の姿も見られた。下級武士などは自宅に風呂を設ける余裕がないため、湯屋に通うことになる。だが、必ずしも入浴した後に上がってきたわけではない。湯屋の2階は町人たちの社交場となっており、市井の情報を知るのに格好の場所だった。そのため、入

浴せずにそのまま上がってしまうこともあった。

　町人たちは、囲碁や将棋を楽しみ、備え付けの絵草紙などを読みながら、湯上がりのひとときを談笑しながら過ごした。

　一方、壁には、商品の広告や芝居の番付(興行の宣伝用刷り物)、寄席や見世物のチラシなどがいくつも貼られていた。

　湯屋は日常的に地域の人々が集まる場所であり、社交場でもあったため、2階の休憩所や脱衣場などの壁は「情報パネル」として機能していた。広告主や興行主は、そこに注目し、広告やイベントのチラシを湯屋に貼り出したのである。

　なお、2階の男性用休憩室には、1階の女湯をのぞける窓が取り付けられていたという話もある。江戸が男性の多い社会であったことの産物かもしれない。

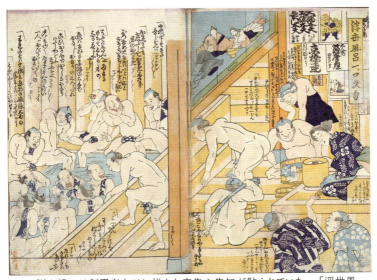

▲脱衣場には利用者向けに様々な広告や告知が貼られていた。「浮世風呂一トロ文句」(東京都立中央図書館特別文庫室所蔵)

唇を緑色に光らせる メイクが流行した!?

● 美人の条件は白い肌

　女性の化粧の仕方は江戸と上方で異なっていた。江戸は薄化粧、かたや上方は濃化粧が好まれた。だが、いずれにせよ白（白粉）・赤（紅）・黒（お歯黒）の3色でメイクしたのが特徴だ。

　古来より、日本では白い肌が美人の条件とされていた。そんな美意識にもとづき、奈良時代から女性は白粉で顔を白く化粧していたが、当時は白粉が貴重品であり、貴族などの上流階級の女性のみが使用できた。

　白粉は鉛や水銀などの鉱物から製造されたが、江戸時代に入ると、安価で良質な鉛白粉が製造されるようになり、一般に普及していく。白粉には3種類があり、キメ細かい粒の上等なものを「生白粉（おしろい）」、次に上等なのが歌舞伎役者の使う「舞台香」、その次が「唐の土」と呼ばれた廉価な白粉だった。

　白粉は水で溶かし、刷毛で顔、そして首、胸、耳に塗られた。ムラにならないよう、そして塗ったか塗らないか、わからないようにすることが肝要とされた。

　白粉の普及に一役買ったのは、当時女性に大人気だった歌舞伎役者たちである。役者は舞台に上がるときに白粉を塗ったが、人気女形の瀬川菊之丞の俳号が「仙女」だったことに目を付け、京橋南伝馬町の坂本屋が「美艶仙女香（びえんせんじょこう）」と題して、白粉を1包48文で売り出す。

　この商品は、坂本屋が浮世絵などの媒体を使って積極的に宣伝に努めたため、大ヒットした。「なんにでもよくつらを出

す仙女香」と川柳に詠まれるほどの露出ぶりであった。

　こうして、白粉は、とくに女性たちの間で大量消費されたが、その反面、鉛や水銀中毒の弊害は無視できないレベルとなる。母乳を通じて乳幼児にも中毒が蔓延していったからである。

●下唇を緑色に光らせる仰天メイク

　紅は口紅や頬紅として使われた。

　紅の原料である紅花の原産地は地中海沿岸だが、中国・朝

▲紅を濃く付けることで下唇を緑色に光らせた。「当世好物八契」渓斎英泉（国立国会図書館所蔵）

鮮半島を経て日本に伝来したのは5～6世紀頃である。別名・末摘花（すえつむはな）とも呼ばれた紅花は、当初は白粉と同じく貴重品だった。

　上流階級のみが入手できたが、江戸時代に入ると各地で栽培されて価格が下がったことで、庶民でも少量なら紅を使用できるようになった。ただし、上質な紅に至っては、依然として高嶺の花のままだった。

　最上川流域の出羽村山郡（今の山形県）が紅花の特産地であった。村山盆地の畑の3分の1が紅花畑であり、全国一の生産量を誇った。砂質の土壌、朝霧・露がかかる盆地特有の気候が栽培に適していたのである。

　摘み取った紅花は、産地で紅餅（べにもち）に加工される。その上で、最上川の舟運と日本海沿岸を航行していた北前船を介して、京都へ運ばれた。江戸に比べて技術力に秀でていた京都の町で紅に加工され、同じ上方地域や江戸に送られていく。

　江戸後期にあたる文化・文政期に入ると、遊女の化粧から始まった「笹（色）紅」という化粧法が登場する。下唇に紅を濃く付けることで緑色に光らせるという手法だ。

　だが、かなり安くなっていたとはいえ、庶民にはまだまだ紅は高価であり、潤沢に使用することはできなかった。

　よって、少ない紅で笹紅と同じ効果を出すため、下唇に墨を塗った上で紅を付ける化粧法が生まれる。

　墨を付けることで、色濃く、鮮やかな緑色に光らせたのだ。

　そのほか、目や爪に紅を付ける化粧法もあった。

●お歯黒という奇妙な風習

　江戸時代以前は上流階級の間で見られたお歯黒の風習は、江戸時代に入ると、主に女性の化粧として定着する。

江戸中期以降は、結婚前後に歯を黒く染めるのが習慣となっていた。そのため、お歯黒は既婚女性の象徴ともされた。

「お歯黒水」は、主に自家製である。

酢、米のとぎ汁、茶汁の中に釘や針を入れて酸化させた液体を沸かし、その中に五倍子を混ぜてできあがりだ。

お歯黒は、筆や歯磨き用の房楊枝で歯に塗られた。

▲「婦人相学十体」喜多川歌麿（アフロ提供）

その後、口の中をすすぐのだが、匂いがきつかったため、家人が朝起きる前に付けていたようだ。

江戸では既婚女性のほか、遊女がお歯黒をするのが習いであった。吉原の周りの堀は「お歯黒ドブ」と呼ばれたくらいだ。余ったお歯黒水が捨てられたからである。

だが、幕末から明治にかけて来日した外国人たちにとっては、お歯黒は奇妙な風習としか思えなかった。

明治以降、お歯黒の風習は急速に衰退していく。

第4章 江戸のビジネス

農民たちは江戸で「転職」を狙った!?

● 止まらなかった人口流入

　江戸時代は、士農工商に象徴される身分制度を背景に、子は親の仕事を受け継がなければならなかった。

　たとえば、年貢の納入を義務付けられた農民が、その負担に耐えかね、土地を捨てて江戸で町人になるようなことは、幕府や諸藩にとって到底看過できることではない。その分、税収が減ってしまうからだ。したがって五人組※制度によって農民たちを相互に監視させることで、年貢納入の義務を履行させ、土地に縛り付けようとした。子々孫々に至るまで、農民の身分から抜けられないよう目論んだのである。

　それゆえ、幕府も江戸に出てきた農民に故郷の村に帰るよう命じ、農業に従事させようとしたが、あまり効果はなかった。江戸にいれば年貢納入の義務から逃れられるからだ。

　その結果、江戸の人口は増え続ける。とくに飢饉や凶作になると、江戸で食べていこうという農民が流入し、さらに人口が増えることとなった。

　では、このように地方から出てきた農民を含め、江戸に定住した町人たちは、どんな仕事に就いたのだろうか。

　結論からいえば、自分の才覚で商人となるか、あるいはこれまで培った技量をもとに職人になるかの2つに大別された。

　どんな商売であれ、読み書きや算盤の能力は必須である。

　自分が商人あるいは職人で、子どもに仕事を継がせたければ、その能力を身に付けさせなければならない。

それゆえ、町人たちは、生活が貧しくても子どもを近くの寺子屋に通わせて、読み書きや算盤を学ばせようとした。

そんな親心が江戸の識字力の高さを下支えしていた。

●職人の徒弟制度

江戸は火事が頻発する都市であり、建築工事はいつもどこかしらで行われていた。そのため、大工・左官・屋根職などのニーズは非常に高かった。

売り手市場ゆえ、いきおい職人を目指す者は多くなる。

だが、腕のいい職人になるには、経営者の顔も持つ親方に弟子入りすることが不可欠だった。

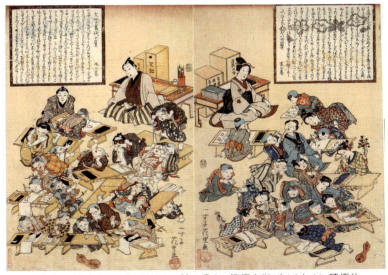

▲商人、職人たちは子どもたちに読み書き・算術を学ばせるために積極的に寺子屋に通わせた。「文学万代の宝」一寸子花里（東京都立中央図書館特別文庫室所蔵）

※近隣5戸を1組として組織された統制制度。連帯責任が科せられたので、トラブルが起きないように相互監視が進んだ。

10代前半で弟子入りした後、親方宅に住み込んで徒弟奉公に励むのが定番である。年季は10年ほどで、技術の習得以外にも炊事や掃除などの労働に従事した。

　年季を終えると、道具一式を与えられて一人前の職人となる。

　独立して仕事の注文を受ける職人もいた。だが、親方から仕事を分けてもらい、出来高払いで手間賃を稼ぐ職人が大半だった。

　建築工事などは、入札によって親方が一括して注文主から請け負い、配下の職人に従事させるのが一般的なスタイルだった。そのため、親方から独立した形で仕事を請け負い続けるのはなかなか難しかったのである。

　親方の身分が得られれば話は別だが、親方になれたのは一部の職人に過ぎない。世襲が多いのが実情だった。

●江戸の派遣業者・人宿と日雇頭

　商人も職人と同じく、一人前の商人となるには修行期間が必要だった。ただし、取り扱う商品によっては例外がある。

　わずかな元手があれば、市場で野菜や魚などの食べ物を仕入れて行商の形で売ったり、そばや寿司など調理した食べ物を売ったりすることで、何とか生活していくことができた。

　江戸は消費人口が多かったので、"その日暮らし"の者でも何とか生活できたのである。

　特殊な技術を必要としない奉公先も数多くあった。大名や旗本などが行列を組むときに、体裁を整えるため、数合わせで供廻りの役を勤めた武家奉公人や、商家で炊事などの家事にあたる奉公人が代表的なものである。

　もっとも、武家屋敷にせよ商家にせよ、年季奉公の契約を

▲火事が頻繁に発生した江戸では職人の需要は非常に高かった。「衣喰住之内家職幼絵解ノ図」二三 曜斎国輝（国立国会図書館所蔵）

取り結ぶには請人による身元保証が不可欠だった。

　身元保証を行い、奉公先を世話して周旋料を取る業者は人宿と呼ばれ、組合を結成していた。江戸に親戚や知人がいない地方出身者は、人宿を頼って奉公口を求めたのである。

　日雇いの仕事も多かった。

　魚河岸で荷揚げに従事したり、大八車で荷物を運んだりする仕事だが、その多くは体力が求められるものだった。

　日雇い仕事の場合も、やはり日雇頭という業者がいた。日雇頭によって結成された日雇座という組織もあった。

　人宿や日雇頭などの「派遣業者」は、様々な仕事を提供しながら、江戸の繁栄を陰で支える役回りを演じていたのである。

身長で給料が決まる仕事があった⁉

●呉服屋の給与システム

　50万人を超える江戸の町人のうち、大半は「非正規雇用」であり、多くの人がその日暮らしの生活を強いられていた。

　雇用されず、いわば個人事業主として生活する者も多かった。野菜や魚などを売り歩く棒手振り（→124ページ）なども、その範疇に含められるだろう。

　では、正規に雇用された人たちはどのように給料を受け取っていたのか。日本橋に店を構えた江戸有数の呉服屋白木屋の例を見てみよう。

　通例、丁稚として奉公を始めるのは10代前半からだ。ただし、この段階では給料は支払われず、少額の祝儀や小遣いが与えられるだけである。

　丁稚の間は、店内の雑用や算盤の修練に励んだ。20代に入ると手代（番頭と小僧の中間の身分）となり、ようやく給金が支給される。

　給料は、3年目までは1年で4両、4年目からは5両と、勤務年数によって段階的にアップする、年功序列のシステムであった（基本給のみ）。

　手代は営業の主力として身を粉にして働いた。実績が認められれば、最後は支配役と呼ばれた「番頭」に昇格する。店の経営に携わる番頭になると、給金は年に10両にアップする。

　だが、番頭になれるのはごくわずかで、多くはその前に店を去る。暖簾分けを許される奉公人もいた。

▲勘定書を書く番頭

▲反物を採寸する番頭

▲お客の履物を準備する下足番

いずれも「安永元年 上野店店内見取り図」より。 江戸時代の呉服店・松坂屋上野店の繁栄ぶりを描いた肉筆の浮世絵。(一般財団法人 J.フロントリテイリング史料館提供)

退職金制度もあった。23年以上勤務した奉公人が店を辞める際には50両、支配役には100両が支払われる規定だった。

●火災時に跳ね上がる大工の賃金

では、職人はどうだろうか。

職人の大半は、前述のように、独立後も親方に雇用されることが多かった。親方が注文主から請け負った仕事を分けてもらうのが実情で、個人で仕事を受けるのは一般的なスタイル

ではなかったからである。

　職人の中でも大工については、幕府があらかじめ公定賃金を設定していた。幕末の例だが、安政2年（1855）の時点で手間賃は銀3匁、飯料が銀1匁2分。昼食費込みで銀4匁2分という記録が残されている。これは金1両（銀60匁）を10万円とすると約7000円となる。

　しかし、上記の金額は最低賃金のようなもので、実際の手間賃は倍近くの5匁〜5匁5分だった。昼食費込みならば1万円を超える。仕事の内容や当人の力量も加味し、さらに上乗せされたのはいうまでもない。

　火事の直後は大工も人手不足となった。その結果、賃金が高騰するが、公定価格の3倍以上の日当10匁を超えるケースも見られた。幕府は賃金の引き下げを命じたが、結局は需給バランスに規定される以上、効果はなかった。

●大男なら日当1万6000円？

　力仕事の場合は、それだけ高い賃金が得られた。駕籠かきの日当に関する数字が残されている。文政12年（1829）のデータだが、面白いことに身長によって日当が違っていた。

　身長が5尺8寸から6尺まで（174〜180センチ）の駕籠かきは銀10匁ぐらい。5尺6寸5分から5尺8寸（170〜174センチ）までなら銀7匁5分が上限。5尺5寸5分から5尺6寸5分（167〜170センチ）までなら銀5匁5分が上限といった賃金設定であった。9000円（銀5匁5分）から1万6000円（銀10匁）

▲駕籠かきの賃金は身長によって約7000円の開きがあった。「東海道五十三次之内 三島 朝霧」歌川広重（東京都立中央図書館特別文庫室所蔵）

までの幅があったというわけだ。

　ただし、これは明6ツ（午前6時）から暮れ6ツ（午後6時）までの勤務の場合で、この時間帯で終わらない場合は何割増かになる。午後6時以降は割増料金だったが、夜9ツ（午前0時）を超えると、倍の日当が支払われることになっていた。「深夜料金」というわけだ。明6ツを越えると3倍の賃金が支払われ、遠距離の場合は、別に規定が設けられた。日本橋から1里以上外に出ると5割増。2里以上になると2人分の日当が支払われた。弁当代が付くこともあった。

江戸は宅配サービスが進んでいた!?

●許可制だった行商ビジネス

奉公人や職人として雇用されずとも、自分で稼ぐ町人は大勢いた。生活物資を売り歩くことを生業とした振売りはその代表的な例である。

振売りとは、食品や日用雑貨品などを天秤棒で担ぎ、商品名の売り声を上げながら歩く行商人のことだ。江戸では、魚を売る振売りはとくに棒手振りと呼ばれていた。

また、野菜を売り歩く振売りは青物売りと呼ばれた。江戸時代の社会風俗書『守貞謾稿』によれば、数種類の野菜を売るのは八百屋、1～2種類の野菜を売るのは前栽売りと呼ばれて区別されていたという。

慶安元年(1648)、幕府は江戸市中の振売りに振売札を交付し、札を所持する者にのみ営業を許可した。

振売札の交付を受けた者は年で1～2両の札銭を幕府に納める決まりがあり、札銭を納入せずに営業することはできなかった。その規定に背けば、当人は牢屋に入れられ、家主たちは過料つまり罰金が科されることになっていた。

ただし、子ども(15歳以下)、老年の者(50歳以上)、身体に障害がある者はその限りではなかった。社会的弱者への配慮がなされていたことは注目すべきだろう。振売りはさほどの力仕事ではなく、特別な技量がなくてもできる仕事だからだ。

幕府は鑑札制度を導入することで、その数に統制を加えて過当競争を防止しようとしたが、明暦3年(1657)に明暦の大

火が起きると、鑑札を持たない振売りの者が激増する。店や商売道具を火事で失って生活難に陥った者たちが、手軽に始められる振売りに次々と転業していた様子が窺える。

そのため、万治2年（1659）に再び札を交付して振売りの統制をはかるが、食料品を扱う振売りはほとんど対象外だった。

食料品は江戸市中で潤沢に流通していたほうが、都市秩序の安定上望ましいという当局の判断が読み取れる。

江戸のユニークな商売

🟢 不安定な振売り稼業

振売りの代表格といえば、野菜を売る青物売りだが、『文政年間漫録』には青物売りの1日の収支状況が紹介されている。

野菜の仕入れで600〜700文かかっても、全部売り切れば1200〜1300文の売り上げとなる。しかし、実際は売れ残り分が100文あると想定した上で、米代200文、酒代200文、家賃70文、味噌・醤油代50文、子どもの菓子代12文を差し引くと、手元には68文しか残らない。

悪天候や病気のときは仕事に出られないこともあるだろう。その場合は支出だけがかさむため、結局のところはギリギリの生活となる。青物売りに限らず、振売りは総じて"その日暮らし"の生活を強いられていた。

『守貞謾稿』には食品関係だけで50種類の振売りが紹介されている。鮮魚売り、シジミ売り、菜蔬売り（青物売り）、豆腐売り、醤油売り、塩売り、漬物売り、飴売り、心太売り、冷水売り、納豆売り、汁粉売りなど食品全般にわたっていた。

なお、日用雑貨品関係では小間物、下駄、古着、箒、苗などの振売りが紹介されている。そのほか、下駄のすげ替えなどのサービスを提供する振売りもいた。

わざわざ店まで出かけていかなくても、自宅に居ながらして食品や日用雑貨が手に入るだけでなく、修理などのサービスを受けることもできた。江戸は宅配ビジネスが花盛りの町だったのである。

🟢 床見世という移動屋台

屋台で商品を売る者も大勢いた。寿司やそばなどのファーストフードは屋台で売られることが多かったが、こうした露店

▲いなり寿司を売っていた屋台。解説文には「一本が十六文、半分が八文、一切が四文」とあり、当時は細長いものを切り売りしていたことがわかる。『近世商賈尽狂歌合』豊芥子（国立国会図書館所蔵）

は床見世（床店）と呼ばれた。床見世は道端や堀端、あるいは橋詰に設けられた広小路などの空き地に数多く出店した。

　祭礼時の露店（屋台）のように、営業中だけ店を開き、営業終了とともに店を閉じた（あるいはその場所から去った）。

　床見世には、移動可能なスタイルと固定されたスタイルの2種類があった。屋台は移動可能な床見世であったことから「はこび床見世」とも呼ばれたが、固定した床見世であっても移動を余儀なくされることがあった。

　たとえば、将軍がその近くを通過するときなどは、目障りであるとして撤去を命じられたからである。

町人が大名行列のメンバーにまぎれ込んでいた!?

●「派遣エキストラ」に支えられていた大名行列

　参勤交代制度によって、江戸は大名行列が頻繁に出立(到着)する町となった。この大名行列で欠かせなかったのが、大量の人足だ。ここに江戸ならではのニッチビジネスが登場する。

　大名行列というと、長い大行列だという印象が強い。

　実際、加賀百万石前田家では、最も多いときで行列の人数は4000人にも及んだ。だが、道中を通してこの人数だったわけではない。

　大名行列には、「本御行列」と「御道中御行列」(略御行列ともいう)の2種類があった。

　本御行列は、江戸や国元に入る(出る)ときに組まれる行列のこと。御道中御行列とは、それ以外の道中の間に組まれる行列のことだ。後者の規模は、前者

128　第4章　江戸のビジネス

の3分の1から2分の1程度だった。

　江戸参勤の場合、国元を出立するときは領民の目、江戸に入るときは江戸の人々の目を意識して大行列が組まれたが、それ以外の道中では、経費節減のために半分以下に規模を縮小していたのである。

　したがって、江戸に入るときは、江戸で雇用した"日雇いの人足"が行列の過半を占めた。町人が大名行列のメンバーに変身していたのだ。江戸の町人にはそんな日雇い仕事もあった。

　諸大名は、日雇い人足とは別に、数日から十数日にわたる参勤交代の道中の間、荷物を運ぶ人足を臨時に雇用している。

▲大名行列の中には扮装した江戸町人も含まれていた。「温故東の花第四篇 旧諸侯参勤御入府之図」楊洲周延（国立国会図書館所蔵）

これを「通日雇(とおしひやとい)」と呼んだ。前出の前田家などは、通日雇が行列人数の3分の1を占めたほどだ。

このように、大名行列は、藩士という"正社員"ではなく、江戸町人という"派遣社員"に大きく依存していた。それゆえ江戸では諸大名に通日雇の供給を請け負う専門業者も生まれた。

● 献残屋は江戸のリサイクルショップ

参勤交代で江戸にやって来た大名たちは、年始や季節の節目に将軍や老中・若年寄・御側衆などの幕閣実力者、あるいは大奥や付き合いのある大名や旗本に、贈答品を贈る(贈られる)のが習いだった。

江戸の武家社会は贈答儀礼が年中行事化していたが、そうした慣習を前提に、献残屋(けんざんや)という商人が登場してくる。

『守貞謾稿』によれば、献残屋は江戸城周辺に数多く店を構えたという。

献残屋とは、要するに江戸のリサイクルショップのひとつである。江戸城、諸大名の江戸藩邸から不要な贈答品を安く買い取る一方、その贈答品を別の藩邸に販売していた。

幕府や諸大名は贈られた品を献残屋に売り払う一方で、献残屋から贈答品を購入して将軍や大名に贈ったのである。

将軍のいる江戸城と、その周辺に屋敷を構える大名の間で莫大な数の贈答品が行き来していた。よって、献残屋は江戸城周辺に店を構えたのだろう。

献残屋が扱った品としては、熨斗鮑(のしあわび)・干貝・昆布・雲丹(うに)などの水産物や塩鶏・葛子(くずこ)・片栗粉・水餅、あるいは檜台・折櫃(おりびつ)・樽など贈答品に付属する道具類が挙げられる。

変わったところでは、「飾り太刀」と呼ばれた木刀も取り扱っ

た。年始の際、諸大名は将軍に飾り太刀を献上する決まりであったが、これは献残屋から購入したものだった。

一方、献上された幕府は献残屋に売り払い、それが翌年の年始に大名から献上された。献残屋が間に入って木刀が行き来していたのである。

● 公事宿という名の法律事務所

江戸は行政府に加えて、司法府としての顔もあった。そのため、訴訟の裁定を求めて、全国から町人や農民たちがひっきりなしにやって来ていた。

訴訟の当事者が同じ大名の領民同士なら、その大名が司法権を発動できた。しかし、異なる大名の領民同士の訴訟は、幕府が裁定を下すことになっていたからである。

江戸時代の裁判は、今と同様に長期化する傾向があったが、判決が下るまでは江戸に長期滞在するのが一般的だった（その間は「公事宿」と呼ばれる宿屋に宿泊する）。

公事宿は宿泊場所であるだけでなく、奉行所に提出する書類の作成にも携わった。司法書士としての役割を果たしていたといえる。さらに、公事宿の主人や番頭・手代は、訴訟に不慣れな当人に代わり、訴訟に対応することも珍しくなかった。弁護士として、訴訟を勝利に持ち込もうと八方手を尽くす。

全国から訴訟人が大勢江戸にやって来たことで、公事宿は大いに繁盛した。司法府としての顔を持つ江戸ならではの職業だったといえる。

江戸ではリサイクルが当たり前だった!

●金属のリサイクル

　江戸の社会はリサイクルが進んでいたが、その理由は、何よりも幕府の「鎖国」政策に求められる。

　原則として、外国(オランダ・朝鮮)と貿易ができたのは幕府のみであった。それゆえ、当時の人々は自給自足の経済システムのもとでの生活を余儀なくされた。

　これは、天候不順によって凶作や飢饉が起きても、外国から食料を緊急輸入することができないということを意味する。その結果、各地で餓死者が続出する事態となる(反面、食料の備蓄は進んだ)。

　自給自足のシステムは、鉱物資源についてもあてはまる。

　日本は金や銀など鉱物資源を豊富に産出する国として、世界的に広く知られていた(黄金の国・ジパング)。

　ところが、時代が下るにつれて金銀の産出量が減少し、金貨・銀貨の鋳造にも支障をきたすようになる。自給自足の社会である以上、鉱物資源の回収・再利用率が上昇していくのは自然な流れだっただろう。

　事情は鉄も同じである。

　江戸の町では、鉄をはじめ金属類を買い集めることを職業とする「古鉄買」、買い集められた古鉄の再生・販売に携わる「古鉄屋」が大勢いた。

　享保8年(1723)の数字によれば、古鉄買は1116人、古鉄屋の数も792人にのぼった。

江戸の町で古鉄買を営むには幕府の鑑札が必要だったが、鑑札を持たずに、火事場の焼け跡などで釘などの金属類を集める者は後を絶たなかった。それだけ、金属類の回収・再生は利益のあがる商売だったのだ。

●古紙のリサイクル

　「リサイクル」と聞いて、すぐに思い浮かべるのは古紙のリサイクルだろう。

　江戸の町には、町内を歩き回って落ちている紙を拾い集め、「紙屑買立場」と呼ばれた問屋に持っていって日銭を稼ぐ「紙屑拾い」という職業があった。

　紙屑拾いは経営資金を持たない町人でも可能だったが、経営資金を持っている者は、自分で古紙を買い集めたり紙屑拾

江戸のリサイクル業者

とっかえべえ
煙管の雁首のような古鉄と飴を交換した。古鉄買いの一種。

紙屑拾い
道端に落ちていた紙くずを拾って、古紙問屋に売っていた。

いから買い取ったりもした（その場合は「紙屑買い」と呼ばれた）。

　紙屑拾いや紙屑買いが拾い（買い）集めたのは紙屑だけではない。古着・古布なども対象になった。彼らが収集した紙屑などは、問屋に集められた上で、製紙業者へ引き渡されることになっていた。そして、漉き返されて再利用されたのである。

🌱 古着のリサイクル

　当時、庶民が衣類を購入するのは特別なときだけで、普段は古着を購入して着るのが一般的だった。

　また、町人だけでなく、武士も古着を日用衣料とすることは珍しくなかった。そのため、古着の需要は非常に高かった。

　一口に「古着商人」といっても、古着買、古着問屋、古着仕立屋、古着仲買、古着屋と、分類は様々だ。

　古着買は、市中で古着を集めて古着問屋に納めた。問屋は古着仕立屋に渡して売り物にする。その後、古着屋は古着仲買を通して問屋から古着を仕入れ、小売りするシステムになっていた。

　享保8年に江戸町奉行所が古着商人に組合の結成を命じた際の数字によると、古着買130組1407人、古着仕立屋17組200人、古着仲買20組238人、古着屋は110組1182人だった。

　古着問屋の数はよくわからないが、年間の仕入れ高はゆうに

▲柳原土手（現在の千代田区万世橋から浅草橋にかけての神田川南岸）には古着屋が軒を連ねた。「吾妻遊」喜多川歌麿（東北大学附属図書館狩野文庫所蔵）

１万両（約10億円）を超えた。古着のリサイクル業は、紛れもなく巨大産業だったのだ。

江戸の町で古着屋が集中していたのは、富沢町（現中央区）、神田川南岸にあたる柳原土手（現千代田区）など。江戸の古着仲買と、諸国から古着を買い付けにやって来た古着屋が取引する市場が立てられていた。

ただし、質の良い上等な古着が取引されたのは富沢町のほうであり、柳原土手では粗悪な安物が取引されたという。

江戸っ子はふんどしもレンタルしていた!

● 商人たちの町屋敷経営

「宵越しの銭は持たぬ」という諺がある。

その日に得た収入は、その日のうちに使い果たすという意味だが、将来のことをよくよく考えない、さっぱりとした江戸っ子の気風を指すフレーズとしても知られている。

この諺はもともと、火事に遭うと一夜で家財一切を失いかねない江戸の生活環境から生まれたものだった。当時は消火能力がなきに等しく、火事に遭ってしまうと、なす術はなかったのである。

そんな生活環境は「ものを買わずに借りて済ませよう」という傾向に拍車をかけた。その結果、江戸ではレンタルビジネスが花盛りとなっていく。

そもそも、住む家からしてレンタルだった。江戸町人の大半は店舗や長屋を借りる店借であり、持ち家を持たず借りて住むのが一般的なスタイルだった(→28ページ)。貸家の需要は非常に大きかった。

そうした需要を受け、商人たちは町屋敷経営に進出する。江戸の町で地所(屋敷地)を購入し、そこに貸店舗や貸長屋を建ててレンタルした。

店賃は商品の売買に比べれば、景気の動向に左右されずに一定の収入が期待できた。つまり、不動産経営に乗り出すことで、経営の安定化を目指したわけである。

ただし、火災で焼失する危険性が高かったことから、総じて

簡素な造りだった。建設費が安く抑えられていたのである。

　江戸有数の豪商である三井家（越後屋）なども、町屋敷経営を積極的に展開した商人だった。本業の呉服業や両替業を営む傍ら、江戸の町に限らず、土地の収得に資本を投入する。そのため、資産の半分近くは不動産が占めていた。

❀何でもありのレンタルビジネス

　江戸の代表的なレンタルビジネスといえば、損料屋だろう。

「損料」とは衣類や夜具・布団などの生活用品を借り、その損ずる代償として支払う金銭、つまりは借用料である。

　損料屋が登場するのは、江戸時代に入ってからのことだった。レンタル業が成り立つほどの大きな需要が安定して生まれていたことが背景にあり、泰平の世ならではのビジネスと言える。

　人口が集中する江戸など大都市特有のビジネスでもあった。

　生活用品全般をレンタルする損料屋がある一方で、特定の物品を専門的に扱う損料屋もあった。喪服専門など用途別の損料屋のほか、衣類をレンタルする古着屋など他業種と兼業の形を取る損料屋も登場してくる。

　レンタル品は、前述した衣類や布団のほか、蚊帳、食器、冠婚葬祭具、雨具、家具、畳、大八車などバラエティーに富んでいた。

　変わったところでは、ふんどしもレンタルされた。レンタル品にも上・中・下のランクがあり、費用に応じて選べるようになっていた。

　借りて済まそうとする傾向が強かった江戸の町人にとって、損料屋は生活の上で不可欠な存在だったが、手元不如意に陥ると、レンタル品を質入れすることで当座の金銭を調達しよう

とする傾向もあった。借金の担保にするため、損料屋からレンタルする事例まで見られた。

幕府はこうした行為を厳重に禁止する。しかし、なかなか根絶できなかった。

●武士も貸本屋の大事な顧客

江戸時代は、生活用品のみならず、本もレンタルされていた。

当時は貸本屋から本を借りて読むのが通例で、本の購買層は経済力がある者に限られた。それだけ、本の価格が高かったからである。

本のレンタル料は新刊で約24文、旧刊で6文ほどだった。

かけそば1杯が16文なので、そば代（1.5杯分）ぐらいで済む計算だ。

しかし、本を購入するとなると、その数十倍の金額が必要だった。だから、借りて読むのが通例となったのである。

貸本屋が取り扱った本は、人気作家の小説のほか、江戸の恋愛小説ものである人情本、遊廓を舞台にした洒落本などである。1枚ものの錦絵も取り扱ったが、なかでも男女の秘儀を描いた春画が人気だった。

貸本屋は江戸庶民のみならず、武士も顧客になっていた。

人情本や春画は、武士の体面もあって、外で立ち読みすることはできない。また、価格の高さも気になるところだ。

貸本屋はそうした武士の心理を読み取り、購入しづらい本や錦絵をレンタルしていたのである。

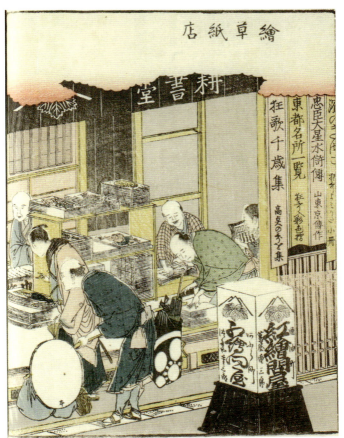

▲貸本屋では娯楽小説以外に実用書やガイドブックも扱われていた。「繪草紙店」『画本東都遊』葛飾北斎(東京都立中央図書館特別文庫室所蔵)

医師は免許制ではなかった!?

●「江戸っ子は早死に」の嘘

「江戸時代の人は短命だった」という通説がある。

だが、それは必ずしも正しくない。確かに江戸時代の日本人の平均寿命は、現代と比べると、かなり短い。

江戸後期、平均死亡年齢は男女とも40歳前後だった。

だが、これは乳幼児の死亡率の高さに原因がある。

抵抗力のない乳幼児が長生きできなかったために平均寿命が押し下げられたのであって、50歳以上の平均死亡年齢は70歳台にも達したと推定されている。乳幼児期を過ぎればそれなりに長寿だったというわけだ。

江戸の人々が抱える持病としては、大小腸など下腹部の内臓の病気である疝気、胸部や腹部の激痛を伴う癪、そして脚気が挙げられる。麻疹や疱瘡に代表される流行病で命を落とす者も大勢いた。開国後は、コレラなどの伝染病の脅威にもさらされ、同じく多くの命が失われた。

現代と比べれば、当時の医療水準が低かったことは否めない。だが、だからといって、江戸の医療環境が貧弱だったかというと、そういうわけでもない。

免許制ではなかったこともあり、医師の数は決して少なくなかった。また、医者にかからずに薬を飲んで治そうとする者は大勢いた。実際、売薬が大量に出回っており、庶民も体調が悪ければ、気軽に薬を服用する時代に入っていた。それだけ、薬を安価に買い求めることができたのだ。

●医師のスキルアップを目指した医学館

　先に述べたように、当時の医師は免許制ではなかった。

　したがって、医師を志望する者は、師匠の家に寄宿して医術を学ぶのが通例だった(医師免許制の導入は明治から)。

　だが、資格が必要なければ、腕や能力に大きなバラツキが生じることになる。病人にとって、医師を選ぶことは、自らの生死を選ぶことに直結していたのだ。実際、知識の浅い医師の診療を受けて、不慮の死に至る者は少なくなかった。

　こうした実態を憂いて、未熟な医師を優秀な医師にするための集団教育を幕府に願い出た人物がいる。幕府の奥医師を務めていた多紀安元という人物だ。

　奥医師は幕府に仕える医師の中では最高クラスで、江戸城に登城して将軍や大奥の女性たちを診療することを職務としていた。多紀氏は奥医師を代々務める家柄であった。

　明和２年(1765)、幕府は多紀氏の願いを受け入れて、彼の私塾である医学館での医学講義の聴講を、幕医(幕府に仕える医師)の子弟はもちろん、藩に仕える医師や町人身分の町医師に至るまで、医学を志望するすべての者に許可する町触を発した。

　医学館では、館主である多紀氏のほか、６～７人の教諭が本道(内科)、外科、眼科、小児科などの教育を担当し、毎月６回ずつ講義を受け持った。通いで学ぶ生徒のほか、館内に寄宿する生徒も常に30～50人ほどいた。

　臨床教育も行われた。生徒は順番を定めて病人を診察して所見を述べ、処方箋を作成した。最後に教諭が診察して、改めて処方箋を作成することになっており、医学館は大学病院の

ような顔も持っていた。

　幕府は医学館に運営費や薬種料の名目で200〜300両を支給するなど、様々な名目でその活動を補助した。

　寛政３年（1791）には、同館を官立とし、医療技術の向上を目指す多紀氏を全面的にバックアップするに至る。

● 町医師から奥医師への道も

　幕府は医学館を官立としたあと、毎年春と秋に御番医※と奥医師への「考試」、つまり選抜試験を同所で実施するようになる。

　幕医の階級は、典薬頭、奥医師、御番医、寄合医師、小普請医師の順となるが、寄合・小普請医師は無役だった。

　寄合・小普請医師が御番医以上に進むためには考試でよい成績を収めなければならないが、それには医学館でしっかりと学ぶことが必要だった。こうして、幕医や町医者の別にかかわらず、御番医を望む医師たちで同所の講義は盛況となる。

　ただし、考試を受験せずとも医術に優れていれば、たとえ町医師でも御番医ひいては奥医師に出世することができた。

　幕末に入ると、漢方医に代わって蘭方医が重用されるようになる。13代将軍家定が危篤に陥った際、佐賀藩医の蘭方医・伊東玄朴が急遽、奥医師に採用された。奥医師でなければ将軍を診察できなかったからだ。

　江戸時代は身分の別に厳しい封建社会ではあったものの、技量が卓越していれば、医療はその例外だったのである。

※江戸城に詰め、殿中で病人や負傷者が出た場合に診察することを職務とした幕医。

第5章 江戸の恋愛

武士の結婚には幕府・藩の許可が必要だった!

●仲人ビジネスが大流行

　江戸時代は封建的な身分制度の時代であり、婚姻も身分・家格の縛りから逃れることはできなかった。

　武士と町人というような身分違いの結婚は許されていなかった。たとえ同じ身分でも、家格の釣り合いが重要視された。

　幕臣や藩士など武士の場合は、自分と同じか、少し上の家禄を持つ家から妻を迎えるのが通例である。裕福な商家の娘を迎えることも珍しくない。家計が苦しい家にとっては、持参金が魅力的だったからだ。

　しかし、武士と商人では身分違いであるため、武家の養女という形で妻に迎えている。なお、結婚にも離婚にも主君たる幕府や藩の許可が必要であった。

　町人の場合は、武士のように主家の許可を得る決まりはなかったが、経済力が上の家の娘との婚姻を望む傾向は同じである。経済力つまり資産規模が大きければ、それだけ持参金も多額になる。結婚後も経済的支援が期待できたからだ。

　では、結婚相手はどのようにして見つけたのか。

　家格の釣り合いに考慮しつつ、資産規模が上の家の娘との婚姻を希望するとなると、事前の調査が欠かせない。そうなると、当然、仲介業が幅を利かせることになる。

　よって、仲人主導のお見合いは盛んに行われた。芝

居見物や花見などの行事がお見合いの場所として活用されたようだ。

　もちろん、ボランティアではない。婚姻が成立すれば、仲人料が発生する。持参金の10分の1が相場とされていた。

●婚礼道具は妻の財産

　結婚前に、双方で証文が取り交わされる場合がある。

　とくに婿養子に入るときは、不幸にも離縁になった場合に備えて、約定を交わすのが通例だった。婿養子とは、要するに「家督相続」であり、離縁に伴うトラブルは家の存亡に関わる恐れもあったからだ。

　結婚前に交わされる証文での主なテーマは、婿に入った夫からの持参金の返還問題である。離縁する場合、持参金は婿に返還することになっていた。

　これは、嫁入りする際の持参金についても同じである。離縁

▲婚礼の儀式に臨む新婦。「三定例之内 婚礼之図」歌川国芳（東京都立中央区書館特別文庫室所蔵）

時には、持参金を妻に返還しなければならなかった。

なかには、離縁後の財産分与について規定した証文もあった。

結婚前の証文とは、離縁となったときのトラブルを未然に防ぐためのものだったのである。

この証文を取り交わして婚約が整うと、やがて婚礼となる。

花嫁は夫となる男性の家に輿入れし、三々九度の盃を交わす。これは武士も町人も変わりはない。

しかし、裏長屋住まいの町人たちは、貧しさゆえに婚礼の儀式を満足に執り行えなかった。荷物だけを持参して夫の家に入り、そのまま結婚生活が始まったのだ。

経済力に乏しい町人は、事前に証文を取り交わすこともなかっただろう。なぜなら、互いに守るべき資産もなかったからである。

輿入れの際、妻は婚礼道具や衣類などを持って婚家に入るが、これは妻の財産だった。夫が自由に取り扱えるものではない。

夫が妻の同意なく質入れなどをしたら、どうなるか。

江戸時代、妻の父による離縁の請求が法的に認められていた。妻の財産が守られていたのだが、これは婚姻が当人同士というよりも家同士の関係であることを如実に物語っている。

●女性の再婚には「離縁状」が必要だった

江戸時代は、妻からの離婚請求はなかなか認められなかったのではないか、という印象がある。「縁切寺（駆込寺）」として知られる鎌倉の東慶寺で、3年修行をすれば、ようやく離縁が認められるという話は有名だ。

しかし、妻からの離婚要求を、夫側が認めざるを得ないことも少なくない。妻の実家や親族の説得に耐えられなくなるのだ。

家格や経済力が自分よりも上の家から妻を迎えていれば、なおさらである。

離縁の際には、夫は妻に離縁状を交付することが法的に義務付けられていた。離縁状なくして妻が再婚した場合は重婚として厳罰に処せられるため、妻側は離縁状の交付を強く求めたわけだ。

離縁状は「三下り半」と呼ばれるように、約3.5行の簡略な文面だが、離縁の理由は書かないのが普通である。

「我等勝手ニ付」というのが決まり文句だったが、夫側の"勝手"つまり都合による離縁であり、妻に責任はないという意味が込められていた。再婚に際しては、重婚ではないことを証明するため、離縁状を相手側に提示することがあったからだ。

よって、離縁状には再婚に支障が生じ兼ねない離縁の理由は一切書かず、妻側に責任はない旨の一文を入れておかなければならなかったのである。

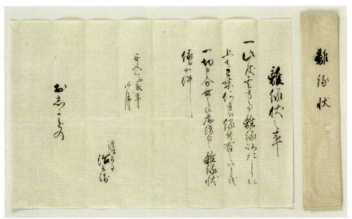

▲安政3年（1856）4月に書かれた離縁状。この離縁状のない再婚は認められなかった。「離縁状（三行半）」（紙の博物館所蔵）

吉原通いは相当な出費だった!

●吉原に在籍した遊女は2000人以上!?

　享保6年(1721)時の幕府の調査によると、町人の人口は50万人余。その内訳は男性32万人余、女性17万人余であり、男女の比率は2：1だった。その後、男女人口の比率は均衡し、天保3年(1832)の調査では男性55％、女性45％となる。

　武士の人口も同じく約50万人と推定されるが、過半数は藩主の江戸参勤により地方から出てきた藩士たちであった。

　ほとんどは単身赴任である。武士の人口も加味すれば、江戸は圧倒的に男性都市であったといえるだろう。そのため、自然と男性相手の商売が盛んになっていく。

　「吉原」はその代表例である。当初、遊郭吉原は現在の日本橋人形町界隈にあったが(→15ページ)、明暦2年(1656)に幕府から浅草寺裏手の日本堤への移転を命じられ、翌3年(1657)に、営業を再開している。

　その規模は「三町四方」。1町＝約100メートルなので、およそ300メートル四方と考えられる。

　大門と呼ばれた門が唯一の出入口で、廓の周囲には堀が廻らされた。遊女の逃亡を防ぐためである。

　一説によれば、吉原には約2000人の遊女がいたという。

　吉原が浅草寺の近くにあったことから、男性たちは、お寺参りに行くという口実で吉原に出かけていった。

　そんな本音と建前を歌った川柳として、「女房と雷門で出っ食わし」という句がある。吉原に遊びに行こうとして、あるい

は吉原からの帰途に、浅草寺の雷門で妻とバッタリ出くわし、事情を説明しようとあわてる夫の様子を歌ったものだ。

吉原には女性も大勢訪れている。江戸の観光名所として、地方からの観光客が訪れる定番の場所になっていたからだ。

●火災後の仮営業店が大繁盛？

吉原の遊女にもランクがあった。時代とともに変化しているが、明和期（1764～72）からは「呼出」「昼三（ちゅうさん）」「付廻し（つけまわし）」（以上、花魁（おいらん）と呼ばれた）「座敷持」「部屋持」「切見世女郎」のランキングになる。

寛政期（1789～1801）の数字によれば、最上級の「呼出」には、1両1分の揚げ代※がかかった。

だが、それだけではない。遊客を遊女屋に案内する茶屋への手数料、芸者への祝儀、そして気前よく飲食することも必要なため、実際はその数倍以上の費用を要した。

1回につき、現在の貨幣価値に換算すると、数十万円から100万円近くかかったということになるだろう

その上、初回と2回目は顔見世のみであり、3回目から馴染みの客扱いとなる。最上級の遊女が相手でなくても、吉原通いには相当の出費を覚悟しなければならなかった。

そんな吉原は度々火災に見舞われた。

10年に一度ほどの頻度で焼失したが、火災に遭った遊女屋は、再建されるまで吉原以外の場所での営業を幕府に願い出て、許可されるのが習いである。これを「仮宅（かたく）」と称した。

営業場所としては吉原に近い浅草や両国、深川などが選ばれたが、遊客にとっては仮宅のほうがありがたかった。仮宅の場合は揚げ代と飲食費だけで済み、茶屋への手数料などは不

※遊女・芸者と遊ぶときの代金

要だったからだ。そのため、吉原で遊ぶ余裕のない者でも遊ぶことが可能であり、仮宅での営業はたいへん繁盛する。

● 隠れたベストセラー『吉原細見』

当時、吉原で遊ぶ際には欠かせない書籍があった。遊女屋や遊女の名前、遊女の揚げ代金、吉原で商売をする者たちの名前などの情報が収録された『吉原細見』というガイドブックである。

毎年刊行され、隠れたベストセラーになっていたほどだ。

『吉原細見』の出版で巨利をあげた人物がいる。吉原生まれで、大門の前で書店を開業していた蔦屋重三郎だ。

安永4年(1775)より、重三郎は『吉原細見』の出版を開始する。吉原の内部を「仲の町」を中心に上下に分け、遊女屋の並びを記したガイドブックだったが、類書よりもわかりやすかったことで大いに人気を呼んだ。多大な利益をあげた重三郎は、出版メディア界の風雲児として躍り出ることになる。

▲吉原の夜の情景。遊客たちは格子の向こうにどんな夢を見たのか。「吉原格子先之図」葛飾応為（太田記念美術館所蔵）

　吉原は遊興の場であるだけでなく、江戸の文人たちが交流する社交場でもあった。彼らは吉原に題材を取った作品を発表するだけでなく、重三郎が出版した『吉原細見』の序文や口絵を書くこともあった。そのため、『吉原細見』の人気は、さらにアップすることになる。

宿場は非公認の遊郭だった!?

●黙認されていた岡場所

　江戸市中では、幕府公認の吉原以外でも遊女商売をしている場所があった。表向きは「料理茶屋」「煮売酒屋」「水茶屋」などの名目で、その裏では遊女屋として営業していたのだ。

　こうした非公認の遊郭は「岡場所」と総称された。

　江戸後期の社会批評書として知られた『世事見聞録』(武陽隠士著)には、遊女商売が公然と行われている場所として深川、本所、根津、谷中、赤坂などが挙げられている。

　岡場所は、遊女商売を独占したはずの吉原にとって、まさしく商売敵であった。それに、非公認の遊郭である以上、幕府としても取り締まらざるを得ない。

　よって、吉原からの要請を受けた幕府は摘発に乗り出すが、江戸以外の場所では岡場所の存在を黙認していた。

　当時の行政区分でいえば、御府内の外にあたる江戸最寄りの東海道品川宿、甲州街道内藤新宿、中山道板橋宿、日光街道千住宿（江戸四宿と総称された）の旅籠屋では、事実上遊女商売が可能だったのである。

　幕府は四宿に限らず、旅人を宿泊させる旅籠屋に遊女を置くことは禁止した。しかし、宿泊者に給仕する女性として「飯盛女」を置くことは容認していた。

　幕府は「飯盛女は遊女ではない」という見解を取ったが、実態は遊女にほかならなかった。

　旅籠屋は飯盛女を置くことで繁盛する。それは、宿場

町の繁栄にもつながっていた。

そうした事情は江戸四宿も同じなのである。

🟢 町奉行所が踏み込めなかった門前町

深川など江戸市中に散在していた岡場所は、寺社の門前町にあることが多かった。門前町には人が自然と集まってくるため、参詣客相手の飲食業が盛んだったが、料理茶屋などの飲食業者が遊女屋の主人としての顔も隠し持っていたのである。

では、なぜ、門前町で遊女商売が盛んだったのか。

江戸の町は70％が武家地、町人地と寺社地が15％の割合で

▲右の部屋で化粧をしているのが「飯盛女」。彼女たちが遊女であったことは公然の秘密だった。「赤阪　旅舎招婦ノ図」『東海道五拾三次之内』歌川広重（国立国会図書館所蔵）

ある。町奉行所の支配は町人地のみで、寺社地には及ばなかった。町奉行所は吉原からの要請を受けて遊女商売の取り締まりに力を入れたものの、寺社地となるとそう簡単にはいかない。管轄違いということで、踏み込めなかったからだ。

やむなく、寺社奉行所に取り締まりを要請したものの、町人地と比較すると取り締まりは不十分なものだった。

延享年間（1744〜47）には、多くの門前町が町奉行所支配となり、町奉行所役人が踏み込めるようになった。しかし、遊女商売根絶までには至らなかったのが実情だ。こうして、門前町を中心に、遊女商売、つまり岡場所が存続していくことになる。

背景には、揚げ代つまり料金の問題もあった。吉原に比べれば安い上、格式張らず手軽に遊興できたのである。

● 吉原の最大のライバルは品川宿

先に述べたように、吉原の商売敵だったのは江戸四宿の旅籠屋である。旅籠屋では1軒につき飯盛女を2名まで置くことが認められていたが、四宿はそれ以上の飯盛女を抱えていた。

四宿のうち、吉原最大のライバルだったのは品川宿だ。

江戸中期、品川宿では80〜90軒の旅籠屋が営業していた。そのため、200人近くの飯盛女を置くことができた（実際はそれ以上の数だったとされる）。

明和元年（1764）には、そんな実態に合わせる形で、旅籠屋の数にかかわらず、品川宿は500人、ほかの3宿は150人までの飯盛女を抱えることが認められる。

だが、その後も数は増え続け、天保15年（1844）の数字によると、品川宿の飯盛女は1358人を数えた。ほかの三宿を合

わせれば、吉原に勝るとも劣らない数の遊女を抱えていたことになる。

　さすがに、幕府もこの事態を看過することはできなかった。遊女を500人まで減らすよう品川宿に命じている。

　なお、岡場所の遊女屋に属さず、個人で遊女商売をしている者も大勢いたのが実態である。

　夜になると街頭に出て、むしろを抱えて顔を隠し、男性を呼び止めた女たちがいた。彼女たちは「夜鷹」と呼ばれていた。

▲夜鷹は店には属さない"フリー"の遊女。むしろひとつで客を取った。「月百姿　田毎ある中にもつらき辻君の　かほさらしなや運の月かけ　ーとせ」月岡芳年（国立国会図書館所蔵）

江戸にもラブホテルがあった!?

●不義密通は命がけだった

江戸の武家社会では、男女間の不義密通は倫理にもとるとして、厳しい処断が科されることになっていた。

とくに武家の妻女は、密通が発覚すれば極刑に処せられた。

寛保2年（1742）に幕府が定めた法典として『公事方御定書』がある。下巻には103カ条にも及ぶ刑罰規定が収録され、俗に『御定書百箇条』とも呼ばれた。

この『御定書百箇条』の「密通御仕置之事」の項目によれば、武家にせよ町人・農民にせよ、密通したことが明らかになれば、妻も密通した男も死罪。つまり、牢屋敷で斬首された。

そして、夫が密通した妻と相手の男を殺害しても、密通の事実が確かであれば無罪と規定されていた。

夫が密通の男を殺害し、不倫の妻が存命ならば妻は死罪。妻が不同意にもかかわらず、言い寄ったり、家に忍び込んだりした男を夫が殺害した場合は、夫も妻も無罪。

ただし、言い寄った証拠が不確かならば、田畑や家屋敷を取り上げられ、江戸十里四方や本籍地から追放された（中追放）。

密通の上、妻が夫を殺害した場合は市中引き回しの上、磔。殺害までには至らずとも傷付ければ、同じく市中引き回しの上、獄門。磔とは鈴ケ森などの刑場で公開処刑する刑罰、獄門とは牢屋敷で斬首の上、刑場で首をさらす刑罰だった。

なお、奉公人が主人の妻と密通した場合は、奉公人は市中引き回しの上、獄門。妻は死罪である。

ところが、この一連の規定が密通した男女に適用されることはあまりなかったのである。

●妻の密通に泣き寝入りした男たち

先に述べたように、密通した男女は死罪に処せられる。

そして、密通の現場を押さえるなど確たる証拠があれば、妻や相手の男を殺害しても、夫は罪には問われなかった。

だが、それは密通の事実が表沙汰になることを意味する。

夫の立場からすると、密通が表沙汰となることのデメリットは非常に大きかった。世間からは好奇の目を向けられ、結局は、妻に裏切られた自分や家が恥をかくことになるからである。

そのため、密通が発覚しても、表沙汰にはせずに当事者間で穏便に済ませるのが一般的だった。

▲池のほとりに並ぶ茶屋は男女の逢瀬の場だった。「不忍之池」『東都名所』歌川広重（国立国会図書館所蔵）

具体的には、金銭で解決ということになる。密通した男が示談金を支払うことで、内分に済ませたのである。

示談金は「首代」といわれた。表沙汰になれば斬首となるところ、7両2分を差し出すことで逃れられるからだ。

なお、首代の相場は7両2分だったといわれているが、かなり高額だったため、町人の場合はこれよりも少額で内済したようだ。

もちろん、離縁に至る場合もあった。その際には、妻から慰謝料に相当する金銭が支払われた。

●不義密通の流行と心中

不義密通の場として使われることが多かったのは、江戸の各所にあった「出合茶屋」である。

出合茶屋とは男女が密会する茶屋のこと。不義密通に限らず男女の逢瀬の場として広く使われていた。

出合茶屋街として当時広く知られたのは、上野の寛永寺近くに広がる不忍池のほとりである。ほかには、寺社の門前に立ち並ぶ料理茶屋も出合茶屋としての顔を持っていた。

利用料は金1分ほど。現在の貨幣価値では数万円に相当したことを考えると、ラブホテルというより、シティホテルの高級ルームといったところだろう。

不義密通の場合、夫や妻に露見しなく

ても、自ら命を絶つ事例が見られた。心中という形で添い遂げようとしたのだ。

　だが、幕府は、この行為に対しても厳しい姿勢を取る。

　享保8年（1723）、幕府は心中した男女の遺体については、葬儀も埋葬も許さず、取り捨てるよう命じた。

　さらに、男女の心中事件を歌舞伎や浄瑠璃の題材として取り上げて上演することも禁止した。センセーショナルに取り上げられて大きな関心を呼んだ結果、心中が頻発したことに危機感を持ったのである。

▲出合茶屋で睦み合うふたり。「茶屋の二階座敷の男女」『歌まくら』　喜多川歌麿　（アフロ提供）

女装した美少年と遊ぶスポットがあった!?

● 武家社会と「衆道」

　戦国時代、武士の世界において、男性の同性愛（男色）は「衆道」と呼ばれ、精神的なものに高められていた。

　合戦が日常的なものであった時代、生死をともにする男性同士の深いつながりが尊ばれたのだ。そして美化された結果、男性の同性愛が「道」と呼ばれるまでになったのである。

　それゆえ、戦国武将とその近くに仕える小姓が同性愛の関係になるのは、ごくありふれた光景だった。織田信長と小姓森蘭丸の関係などは、その代表例だろう。

　戦国時代が終わって江戸時代に入っても、衆道の慣習は続く。３代将軍家光などは衆道の関係にあった寵臣を引き立てた。だが、男色に走る余り、女性を一向に近づけようとしなかった。そのため、なかなか世継ぎをもうけられず、乳母の春日局たちをやきもきさせたぐらいである。

　泰平の世になると、武家社会において衆道はあまり見られなくなる。合戦でいつ命を落とすかわからない殺伐とした世なら、生死を共にする意識を互いに持たせる衆道が極められたが、平和になったことで、武士にとっての最大のテーマは、家を存続させることになっていく。いきおい衆道は廃れていった。

● 男娼を抱えていた陰間茶屋

　時代が下るにつれ、江戸の武家社会では衆道の慣習は終息していった。

だが、男性による同性愛は続く。武士に代わって、主に町人の間で見られるようになったからだ。そこで大きな役割を果たしたのが、男性しか舞台に上がれなかった歌舞伎である。
　女性が舞台に上がることを幕府が禁じたため、歌舞伎では女性の役も男性が演じることになった。
　いわゆる「女形」だ。女装した役者が男女問わず観客の人気を呼んだ結果、男色が町人の間で広まるようになったのである。
　歌舞伎役者のうち、舞台に出演できない若手役者である「陰間」は、女装して男娼となる傾向があった。そのため、いつしか男娼は陰間と呼ばれるようになる。
　陰間の年齢は、現在の中高生ぐらいである。だが、女装した美少年たちは、20歳近くになると男娼を卒業していった。
　陰間を抱えて客を取る店は「陰間茶屋」と呼ばれた。

▲若い男性と殿様が春画を見ながら愛を育む図。「遠州若狭衆道憐愛の図」『艶色水香亭』（立命館大学ARC所蔵）

陰間茶屋の最盛期は江戸中期にあたる宝暦〜天明期（1751〜89）とされる。

　戯作者として知られた平賀源内によれば、芝居小屋のあった芳町、堺町（ともに現日本橋人形町付近）、そのほか湯島、芝神明宮など江戸の中心部にあたる10カ所に計226人の男娼がおり、芳町だけでその数は100人に達したという。

　よって、芝居町として知られた芳町は陰間茶屋街としてのイメージも強かった。芝居町は江戸の男色文化の発信源でもあったのだ。

● 男色はなぜ衰退したか

　では、陰間茶屋を利用した客は、どんな男性だったのか。

　衆道が盛んな頃は武士が多かったが、衆道が廃れていくにつれ、裕福な町人たちが主な利用客となる。

　陰間茶屋で遊ぶ料金が高かったことも大きかった。金1分といわれるが、料理代なども加算すれば、現在の貨幣価値に換算すると数万円は要する計算である。

　やがて陰間は、男性のみならず、芝居見物にやってきた裕福な家の女性も相手にするようになっていく。

　見方を変えれば、それだけ陰間茶屋に通う男性客が減っていたともいえよう。陰間茶屋は、女性客を相手にすることで経営の維持をはかったわけだ。

だが、結局、町人社会での男色ブームは長続きしなかった。

宝暦〜天明期を境に、陰間茶屋の数は減少の一途をたどる。

そして、天保12年（1841）から開始された幕府の天保改革では、芝居小屋がほぼ江戸の郊外にあたる浅草寺裏手への移転を命じられるなど、歌舞伎界は「冬の時代」に入る。

陰間茶屋も無事では済まなかった。その大半が廃業に追い込まれ、江戸の男色も一気に廃れたのである。

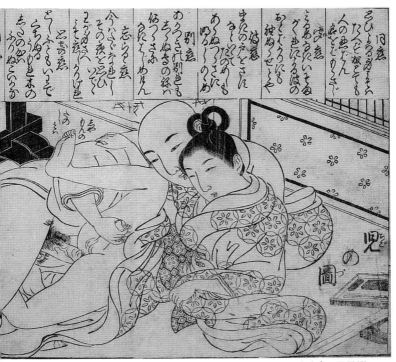

▲僧侶に遊ばれているのは女装をした少年。『女貞訓下所文庫』月岡雪鼎（国際日本文化研究センター所蔵）

第6章
江戸の エンターテインメント

関所を通るには"裏ワザ"があった!?

●往来手形と関所手形

　江戸時代は、前代の戦国時代と比べて往来の危険もなくなり、庶民にとって旅行が一層身近なものとなっていた。

　伊勢神宮への参詣者（お伊勢参り）に至っては、年間で100万人前後にも及んだと推定されている。

　江戸の人々が旅に出るときには、外国旅行をするときのような手続きが必要だった。身分証明書、つまりパスポートの役割を果たした"往来手形"の発給を申請しなければならなかったのだ。

　当時は身分に関係なく、いずれかの寺院の檀家となることが幕府から義務付けられていた。その寺は檀那寺と呼ばれ、役所の戸籍係のように申請者の身元を証明する業務が課せられていた。このシステムにもとづいて、檀那寺は申請者に往来手形を発給した。往来手形は道中手形とも称され、旅先ではその土地の支配者からの求めに応じて提示する定めになっていた。

　また、幕府が全国に設けた関所では、"関所手形"も提示しなければならなかった。関所手形については、当人の居住地域を管轄する奉行所が発給の事務にあたった。江戸の町人なら、江戸町奉行所が発給元ということになる。

　江戸時代の人たちは、この2つの手形を携帯して旅に出たが、関所手形の場合、男女によって「通過しやすさ」に差があった。

　「入鉄砲に出女」。つまり、幕府は江戸に鉄砲が運び込まれることに加え、諸大名が人質として江戸屋敷に居住させている妻女が江戸から出ていくのを警戒していた。

そのため、女性に発給された関所手形は、男性の手形よりも内容が細かく記されている。身元はもちろん、髪型、(妊婦の場合は)妊娠月、顔や腕に傷があればその旨も記され、本人確認の際の重要項目となった。関所では、「人見女」と呼ばれる女性が手形と照合しながらチェックにあたった。

●有名無実化していた関所でのチェック

幕府が街道に関所を設けた理由は「治安維持」である。

だが、そうである以上、各関所では旅人を入念にチェックしたはずだ。とくに「出女」に対する取り調べは厳しかっただろう。

ところが、実際はそうでもなかった。「人見女」に"袖の下"を差し出すことで取り調べに手心が加えられ、簡単に通過で

▲チェックが特別に厳しかった荒井(新居)の関。女性が男装してすり抜けようとすることがあったため、人見女(あらため婆)が性別を確認している。「双筆五十三次 荒井」歌川広重,歌川豊国(国立国会図書館所蔵)

きたのだ。出女でもこのありさまである。江戸へ向かう「入女」の取り調べなどは推して知るべしであった。

男性に至っては、町奉行所が発行した手形でなくても、当人にゆかりある者が作成した手形を提示すればよかった。関所側も、内容に不審な点がなければ通過させたのが実情である。

さらには、関所手形がなくても通過させてしまう事例まで出てくる。住所や故郷の名主の名前などを答えさせ、風体や荷物に怪しいところがなければ通過させたという。

背景には、関所側の止むに止まれぬ事情もあった。1日で大勢の旅人の取り調べを済ませなければならなかったからだ。

●庶民でも気軽に旅行できた理由

国内旅行が盛んになったのは、関所でのチェックがルーズだったことだけが理由ではない。財力のある者は別として、懐の寂しい庶民でも旅行ができるようなしくみが整えられていたのだ。それが「講」である。

講とは、寺院や神社、霊山、霊場に参拝して寄進を行う集団組織のこと。江戸の町では成田山新勝寺を信仰する成田講や大山不動を信仰する大山講が勢力を誇ったが、伊勢神宮を信仰する伊勢講は、江戸に限らず全国で結成されていた。

講ではメンバーが金銭を出し合い、積み立てを行うのが習いである。その積立金が参詣の旅費となり、順繰りに参詣した。

講という組織を活用して旅費が確保され

たことで、庶民にとっても旅行が身近なものになったわけだ。

　さらに伊勢神宮の参詣に至っては、旅費も食費もかからないというメリットがあった。伊勢神宮へ向かう者たちには沿道の人々が接待する慣習があり、無一文での参詣も可能だったからだ。目的がお伊勢参りなら、関所手形はおろか、携帯が義務付けられていた往来手形さえ不要という慣習まで見られた。

　伊勢神宮は天皇家の祖先・天照大神を祀る特別な神社である。八百万（やおよろず）の神のなかで最高位の神だ。全国津々浦々の町村に鎮座する氏神の総元締め、つまり総氏神であったことが、特別な慣習を支える基盤となっていた。

▲参拝者がお伊勢参りの前に禊をした宮川。手前左側にいる白い犬は「おかげ犬」。事情があって伊勢まで行けない主人に代わって、犬に参拝させる風習があった。「伊勢参宮宮川渡しの図」歌川広重（神宮徴古館所蔵）

神田祭の神輿は江戸城に入城できた?

● 「天下祭」に指定された3つの祭礼

　江戸の町で執り行われた祭礼のうち、江戸っ子が最も熱狂したのは、「天下祭」の名で呼ばれた神田祭と山王祭である。天下一の祭礼ということだろう。

　神田明神の通称で知られる神田神社は、2年に一度の祭礼時、幕府から費用の一部が補助されることになっていた。神輿(みこし)を中心とする祭礼行列が江戸城内に入ることも許され、将軍御上覧の栄誉に浴する。

　祭礼行列が城内に入るのを幕府が許したのは、江戸っ子に将軍との一体感を感じさせるためである。神田祭は、将軍のお膝元にいることを実感させるのには、またとない機会だった。

　同じように天下祭と称される栄誉に浴したのは、日枝山王権現(現日枝神社)だけだが、天下祭が3つあった時代がある。正徳4年(1714)の根津権現(現根津神社)の祭礼が、天下祭として位置付けられたのだ。

　根津権現社地にあった甲府徳川家の屋敷で6代将軍徳川家宣(いえのぶ)が生まれた後、社殿が建立された。その後、同社が将軍の産土神(うぶすながみ)(その人が生まれた土地の守護)に指定されたのである。

　以後、神田明神、山王権現、根津権現の祭礼が3年交代で天下祭として執行される予定だったが、紀州徳川家から吉宗が将軍の座を継ぐと、根津権現の祭礼は天下祭から外され、神田明神(9月15日)と山王権現(6月15日)の祭礼が天下祭として隔年で執行されるスタイルに戻る。

天下祭となると、費用の補助など諸々の負担が幕府に生じる。折しも幕府は「享保の改革」の真っ最中。だから、吉宗としては、少しでも歳出を抑え、幕府の財政を再建したかったのである。

●天下祭の担い手は町名主

　では、幕府肝いりの祭礼だった神田祭や山王祭は、どのように執り行われたのだろうか。

　幕末に近い天保期（1830〜44）の事例だが、祭りの準備は3カ月前から開始された。氏子圏に属する町の名主たちが集まり、幹事役となる当番町が決められる。

　当番町の名主たちは、祭礼の実施計画を連日打ち合わせた。

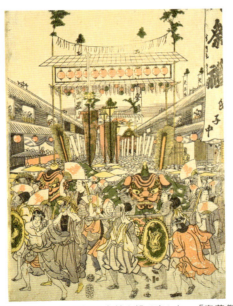

▲神輿のほか、獅子舞や太鼓も繰り出した。「春英祭礼之図」勝川春英（国立国会図書館所蔵）

祭礼といっても神輿行列だけではない。山車行列も、城内や江戸の町を練り歩いた。

　山車は各町の由来にちなんだ人形や飾りによって仕立てられたが、山車に続いて「附祭(つけまつり)」という余興も恒例になっていた。附祭とは、女性や子どもに手踊りをさせたり、プロの芸人に芸能を演じさせたり、大きな造りもの(練りもの)を仕立てたりして祭りを盛り上げる出しもののことである。

　本来、神事である祭礼においては、一種のアトラクションのようなものだったが、実質的には祭礼の「目玉」となっていた。

　附祭の内容は町同士が競い合うと、どうしても派手なものになってしまうのだが、将軍のお膝元で行われ、幕府から祭礼費用が補助されている以上、ハメを外し過ぎるわけにはいかない。

　したがって、名主たちは幕府の意向を忖度(そんたく)し、附祭の内容が派手にならないように努めた。そして、祭礼の内容は、奉行

所に届けられ、承認を得ることになっていた。

●現場責任者を悩ませた"ケンカ"のリスク

　祭礼当日、町名主は祭礼の現場責任者として出張るが、最も懸念していたことはケンカだった。

　「火事とケンカは江戸の華」というフレーズがあるが、町人同士のケンカにとどまらず、武士との間でケンカになる恐れもあった。祭礼で気が大きくなった町人が、武士と口論となり、挙句の果てには乱闘騒ぎに発展することもある。これを現場で防ぐのも名主たちの役目であった。

　奉行所は、当日、与力や同心を現場に派遣し、事前の届け出通りに執り行われているかどうか検分した。

　祭礼は、このように幕府の監視下で行われたのだ。

▲附祭の様子。華やかな人形山車が祭りを盛り上げた。「神田明神祭禮繪巻」住吉内記広定（国立国会図書館所蔵）

人気力士には大名がスポンサーになった!?

●相撲はいかにしてメジャーになったか

江戸っ子が勝負に一喜一憂した人気競技といえば"相撲"だろう。

相撲は有史以来の歴史を持つ。宮中の行事にも「相撲節会(すまいのせちえ)」という名で組み入れられていた。

武士の間でも、心身の鍛錬や戦いに役立つものとして盛んに行われた。戦国時代には相撲を愛好する大名が数多く見られ、力士を家来として召し抱える事例も珍しくなかった。

江戸時代に入ると、幕府は街頭での相撲(辻相撲)や寺社修築費などを捻出するための相撲(勧進相撲)の興行を禁止する。治安の維持に悪影響を及ぼすという判断だったが、相撲を渇望する人々の願いを受け入れる格好で、江戸では貞享元年(1684)に勧進相撲が再興された。

その後、相撲人気は全国的に広がっていくが、江戸では深川の富岡八幡宮や本所の回向院(えこういん)、芝の神明宮などの寺社境内で興行が行われることが多かった。

天保4年(1833)からは両国橋近くの回向院が常打ちの興行場所に指定され、明治に入ると国技館が建設される。これが両国国技館のルーツである。

当時は年間4場所だった。江戸で春と冬の2場所、京都で夏場所、大坂では秋場所が興行された。

興行日数は晴天10日と定められていた。露天での興行であり、場所中に雨天となれば、その日の興行は中止となる。雨天に

たたられ、10日間の興行に20〜30日もかかってしまう事例もあった。

相撲人気を高めた要因として、寛政3年（1791）6月11日に江戸城内で催された上覧相撲は外せないだろう。時の将軍は11代家斉(いえなり)だった。

上覧相撲は成功裡に終わったが、その後も家斉は4回も城内で相撲を上覧している。上覧相撲が繰り返されることで箔(はく)が付き、相撲は社会的な地位を上昇させていくのである。

●大名のお抱えだった人気力士

相撲に熱をあげたのは、将軍だけではない。実は力士の多くは、諸大名のお抱え力士だった。

たとえば、有名な雷電為右衛門※は松江藩松平家のお抱え力士である。

諸大名のお抱えといっても、「お出入り」と「お抱え」の2種類があった。「お出入り」は化粧回しが下賜され、番付で藩の名前が頭書される力士だが、「お抱え」になると、扶持米が給付された。技量が高かったのは「お抱え」のほうである。

人気力士を抱えた大名としては、仙台藩伊達家、久留米藩有馬家、熊本藩細川家などが挙げられる。「お抱え」となった力士の活躍は、まさに自家の名誉にもつながるため、諸大名は人気・実力を兼ね備えた力士の争奪戦に狂奔した。

場所が始まると、抱え主の諸大名は回向院に馬を数頭つなぎ、お抱え力士の勝敗を、逐一早馬で屋敷に報告させた。お抱えの力士が活躍することで、お殿様のプライドは大いに満たされたのだ。

※江戸時代中期に活躍した伝説の力士。20年以上の現役生活で9割の勝率を誇ったという。

●相撲興行の大きな経済効果

　上は将軍・大名から下は江戸っ子まで、多くの人を熱狂させた相撲だったが、その入場料は意外にもよくわかっていない。

　江戸ではないが、会津若松城下での相撲興行では木戸銭が130文という記録が残っている。二八そば16文の10倍ぐらいなので、現代と比較してもさほど高いものではない。江戸の相撲の入場料もそれくらいと考えていいだろう。

　では、観客はどれだけいたのだろうか。

　回向院境内に設営された相撲小屋の規模は、360坪。四方に2層の桟敷席が設けられていた。1軒の桟敷に8人入り、全部で桟敷は150軒あるので、桟敷席が満席となれば1200人だ。

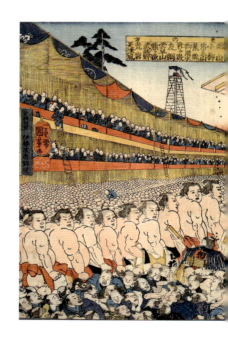

　土俵周囲の土間席もある。土間席の客席数はわからないが、満員御礼ともなれば、合わせて2000人は下らなかったはずだ。

　なお、本場所については女性の入場は禁じられていたらしい。

　観客が相撲見物で落とすのは入場料だけではない。飲食代もある。両

国橋に隣接する回向院に大勢の観客が押し寄せれば、江戸で1、2を争う両国橋詰の広小路の歓楽街も活気づく。

相撲興行を契機として、両国界隈で落ちた金額は相当なものだったことは間違いない。

江戸後期の随筆家として知られた寺門静軒は、江戸の繁栄の象徴として、歌舞伎や吉原に加えて相撲を挙げている(『江戸繁昌記』)。相撲興行での賑わいとは、1日に1000両落ちると称された芝居町や吉原に匹敵するほどだったというわけだ。

相撲興行中は、それだけ多くの金が動いたのである。

▲嘉永2年(1849)11月に両国・回向院で開催された本場所の様子。会場は見物客で埋め尽くされ、たいへんな賑わいだったことがわかる。「勧進大相撲土俵入之図」歌川国芳(東京都立中央図書館特別文庫室所蔵)

江戸の人々は見世物のラクダに仰天した!?

❋ 江戸三座と宮地芝居

　江戸の芸能文化の象徴といえる歌舞伎は、大まかにいうと2つの種類に分けられる。大芝居と宮地芝居（小芝居）である。

　大芝居とは「江戸三座（中村座・市村座・森田座）」のことで、幕府から常設小屋での興行を許された芝居だ。

　当初は山村座も加えて「江戸四座」だったが、正徳4年（1714）に江戸城大奥を揺るがした絵島生島事件に巻き込まれてお取りつぶしとなる。以後は堺町の中村座、葺屋町の市村座、木挽町の森田座による三座体制となったが、天保13年（1842）に三座は浅草寺裏手の猿若町に移転させられ、明治を迎える。

　宮地芝居は、浅草寺や神田明神などの寺社の境内や両国広小路といった盛り場で興行された芝居のことである。小屋の常設が許されず、晴天100日間という限定付きの興行だった。

　宮地芝居の興行地は計二十数カ所に及んだが、1カ所につき2〜3軒の芝居小屋があった。そのため、数から見ると大芝居の10倍をはるかに超える数の小屋があった計算になる。

　なかでも、湯島天神・芝神明宮・市谷八幡宮での宮地芝居は、宮地三座と呼ばれるほどの人気を誇った。

　大芝居の興行時間は午前6時から午後5時までと決められており、観客席は桟敷（上等席）と切り落とし（大衆席）の2種類に分けられていた。桟敷の客は小屋の近くに設けられた芝居茶屋で湯茶の接待を受けた後、茶屋の案内で小屋内に入った。

　一方、切り落としの客は木戸から直接土間に詰め込まれたが、

料金は桟敷席に比べるとはるかに安かった。

●観客動員数の逆転

江戸後期の寛政期(1789〜1801)あたりから、三座は興行不振に陥った。さらに、次の文化・文政期以降(1804〜1831)に入ると、経営難で休座になることも珍しくなかった。

経営難の理由は3つほど挙げられる。

度重なる小屋の火災で修復費がかさんだこと、役者の給金の高騰、そして、観客動員の伸び悩みである。

当時、三座の桟敷で芝居を見物するには、最低1両2分の金がかかった。現代の貨幣価値に換算すれば10万円は下らない。

これでは、懐の寂しい江戸っ子には手が出ない。

とはいえ、三座の観客の伸び悩みは歌舞伎人気の低下には

▲三座のひとつ、中村座の劇場内の様子。「芝居狂言浮絵根元」奥村政信 (Wikimedia Commons)

つながらなかった。三座の観客が宮地芝居のほうに流れたからだ。

宮地芝居でも、三座に劣らないレベルの演技を披露する役者が現れ、舞台装置も三座のそれと変わらないものがつくられるようになった。

料金が安価な上に、役者の演技も舞台装置も三座と同じレベルとなれば、宮地芝居のほうに観客が流れるのは当然だろう。こうした宮地芝居の隆盛は、歌舞伎ファンの裾野を広げることにもつながっていた。

●江戸っ子の度肝を抜いた見世物興行

小屋で興行が行われたのは、歌舞伎だけではない。
軽業や曲芸、動物が主役のショーもあった。

演目には、足芸※・怪力などがあった。両国の見世物小屋で足芸を披露していた早竹虎吉は、幕末の慶応3年(1867)に渡米して芸を披露し、アメリカ人の間で高い評価を得た。

動物の見世物としては、文政7年(1824)のラクダと文久3年(1863)の象の見世物が挙げられる。どちらも、長崎の出島を経由して入ってきた舶来の動物である。

ラクダの場合は前年に京都や大坂で評判になり、その人気を受けて江戸にやって来たのだった。ラクダの見世物は、その後も10年以上にわたり、各地で人気を博す。

精巧につくられた細工物の見世物も人気があった。文政2年(1819)に浅草寺本堂裏手の奥山に設けられた見世物小屋で興行された関羽像の籠細工などは、そのスケールの大きさで人々の度肝を抜いた。

竹で編んだ籠で細工されたその巨大な坐像は高さが6～7メートルもあり、空前の大ヒットとなる。その余得を受ける形で、

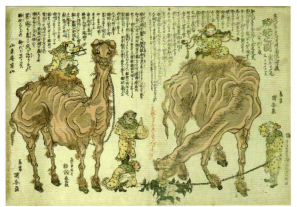

▲長崎経由で日本に連れてこられたラクダは象とともに見世物の目玉となった。「駱駝之図」国安（早稲田大学図書館所蔵）

期間中の浅草寺の賽銭額は普段の倍になったという。

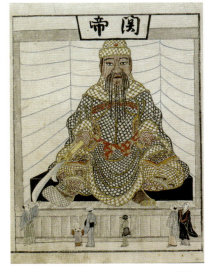

▲見世物小屋で公開された巨大な関羽の籠細工は大きな反響を呼び、全国を巡行した。「関羽の籠細工」『新卑姑射文庫』二編　高力猿猴庵（名古屋市立博物館所蔵）

※足を器用に使って文字を書いたり、ものを回したりする芸。

寺社は浮世絵を利用して参詣者を増やした!?

●美人画と歌麿

　江戸の娯楽として忘れてならないのは、「浮世絵」だろう。

　江戸時代、浮世絵は多彩な進化を遂げ、葛飾北斎に代表されるような、世界的に有名な浮世絵師が何人も輩出した。

　浮世絵の種類は3つのジャンルに大別される。

　「美人画」「役者絵」、そして「名所絵」だ。

　時代ごとの理想的な女性美を描き出そうとした「美人画」は、浮世絵の中で最も早くに成立したジャンルである。

　先に述べたように、江戸は男性が圧倒的に多い都市だった。そのため、あらゆる産業が男性を意識したものになる。浮世絵もまた、その傾向とは無縁ではなかった。

　美人画は今日のアイドルグラビアのようなもので、多くの男性たちからもてはやされたのだ。

　ところで、江戸にはお茶や菓子など軽食を提供する「水茶屋」があった。現代でいえば、喫茶店にあたる。

　店は決まって若い女性に給仕をさせたが、それは彼女たちを目当てにやって来る男性客が多かったからだ。これに目を付けた寺社は、境内に水茶屋を出店させることで、参詣者の増加を目指した。

　それだけではない。給仕する女性を浮世絵師に描いてもらい、その絵が多くの人（とくに男性）の目に止まることを狙った。

　その目論見は大成功する。

　同じ現象は吉原でも起こった。遊女が美人画のモデルとなっ

たことで、吉原の賑わいが増したのだ。

　寛政年間（1789〜1801）を中心に活躍した浮世絵師の喜多川歌麿は、役者絵で用いられていた「大首絵」の様式で、美人画を次々と世に送り出し、一世を風靡する。大首絵とは、上半身のみを描いた浮世絵のことである。

　それまでの美人画では全身が描かれていたが、歌麿は上半身のみを描くことで自然と顔をクローズアップさせ、容貌の特徴をより細やかに表現することに成功した。描かれた女性の心情にまで迫るような描写で、その人気を不動のものにする。

▲「高名美人六家撰 扇屋花扇」喜多川歌麿（郵政博物館所蔵）

🌸 役者絵と豊国・写楽

「役者絵」とは、歌舞伎役者をモデルにした浮世絵である。

もともとは、役者の容貌上の特徴を描き分ける似顔絵として発達した。ただし、近代の肖像画のように、モデルと瓜二つに描くようなリアリズムは見られない。役者の目・鼻・口などの特徴を強調して描き、自然とその役者を想像させる手法が取られていた。

ただし、容貌上の個性を誇張する一方で、役者を美化する操作も忘れなかった。ファンなら、贔屓の役者の顔は凛々しく、女形ならば見目麗しく描かれることを望むからである。さもないと、売り上げに響いてしまう。

役者絵といえば、歌川豊国と東洲斎写楽が挙げられる。

天明期(1781〜89)に登場した豊国は、文化・文政期(1804〜31)まで活躍した。一方、写楽の活動期間は寛政6年(1794)5月から翌年(1795)正月までの1年にも満たなかった。

現在は写楽のほうが知られているが、当時は豊国の人気のほうが高かった。豊国は役者のイメージを崩さないよう注意を払ったのに対し、写楽は美化するよりもリアリズムを重視したため、歌舞伎ファンの間で人気に差が生まれたのである。

🌸 名所絵と北斎・広重

名所絵とは風景を描いた浮世絵のことだが、その代表格の絵師といえば葛飾北斎と歌川広重である。

北斎は天保初期(1831〜33)に刊行した「富嶽三十六景」が大ヒットし、名所絵というジャンルの確立に大きく貢献する。そのヒットに刺激を受けた広重は、「東海道五拾三次」を刊行して人気を博した。

北斎の名所絵は、ゴッホなどにも影響を与えた幾何学的な構図が特徴だった。一方、広重は情趣豊かな作風で支持を得た。
　やがて、北斎が名所絵から肉筆画や絵手本に作画の重心を移したため、広重が名所絵を牽引していくことになる。
　晩年、広重が江戸を描いた作品に「名所江戸百景」がある。安政3年(1856)より広重が没する5年(1858)までの間に、江戸市中と郊外の名所を100カ所以上描いた。
　広重の名所絵の集大成ともいうべき「名所江戸百景」は、斬新な構図と鮮やかな色彩が特徴で、多くの人たちを魅了していく。

▲「深川万年橋」『名所江戸百景』　歌川広重
(東京都立中央図書館特別文庫室所蔵)

江戸の宝くじは当選金の7割しかもらえなかった!?

●寺社が富くじを主催した理由

　江戸時代には、現代の宝くじにあたる「富くじ」というイベントがあった。「子の八十八番」などと番号が付けられた富札が販売され、抽選により当たりくじが決まったのだ。

　木製の番号札が入った箱の中に錐を突き刺し、"当たり"を決めた。そのため、富くじは「富突」とも呼ばれた。

　当たりくじの最高額、つまり「一の富（1等）」は100両から1000両まで、かなりの幅があった。二の富（2等）、三の富（3等）のほか、一の富の前後賞・組違い賞もあった。

　江戸では富くじが最盛期に2日に一度の割合で行われたが、芝居や相撲などと同じく幕府の許可が必要だった。「御免富」である。

　富くじの主催者は寺社である。幕府が寺社に富くじの開催を認めたのは、自分の懐を痛めずに寺社を助成することが可能だったからである。富くじの開催から得られた収益をもって、建物の修繕費などに充てさせようとしたわけだ。

　こうして、多くの寺社が富くじに参入していくが、とくに感応寺、湯島天神、目黒不動の3カ所の興行がたいへんな賑わいを見せる。世にいう「江戸の三富」だ。

　富札1枚の価格は、金1朱あるいは銀2匁5分が

相場だった。現代の貨幣相場に換算すると5000円前後であり、意外と高額である。懐が寂しい江戸っ子としては、奮発して1枚買うのがせいぜいだっただろう。そのため、数人で組んで購入するケースも多かった。この購入方式は「割札」と呼ばれた。

　発行枚数は、1回の富くじで約2万枚程度。当選金総額で1000両を超える事例が珍しくなかったため、大量に発行する必要があったのだ。

　富札は、主催者である寺社の境内で購入することが原則と

▲「富突」の場面を描いている。錐に刺さっている札が当たり札。「萬々両札のつき留」（日本銀行貨幣博物館所蔵）

されたが、門前の茶屋や江戸市中でも広く販売された。あたかも代理店のような役割を担っていた販売所は「札屋」と呼ばれた。

● 手に入るのは当選金の７割？

　富くじは幕府（寺社奉行）の許しを得たイベントであるため、当たりくじを決める日には検分の役人が出張してくる。

　当たり札を決める富突が行われる前には、大般若経の修行が執り行われるのが習いだ。富突の場をお祓いして、敬虔な空間にしようという主催者側の意図が読み取れる。不正行為はないという意思が込められた読経であった。

　富突の会場には寺社の本堂（拝殿）が使用されることが多かった。木製の番号札を箱に入れれば、準備は完了。太鼓が打ち鳴らされ、富突開始が告げられる。

　僧侶が再び大般若経を読経するなか、箱の中に錐が入れられ、突き刺さった札の番号が読み上げられる、という流れだ。

　富突が終われば、次は当選金の引き換えである。

　だが、仮に1000両の富が当たっても、全額もらえるわけではなかった。入手できたのは全体の７割、つまり700両ほど。

　「当選金」のうち、100両は主催者の寺社に修復料として奉納。また、100両分で次回の富くじの札を購入。さらに諸経費などが徴収されるため、計300両近くが差し引かれてしまう。

　どれだけ高額の当たりくじでも、当選金額の７割しか入手できないしくみになっていたのである。

● 御免富の終焉と影富の横行

　建物の修繕費が確保できる富くじは、寺社にとって魅力的

なイベントだったが、次第に期待するほどの収益が得られなくなる。多くの寺社が参入し、ほぼ2日に1日の割合で富くじが行われるようになると、さすがに市場も飽和してしまったのだ。

さらに、もうひとつ大きなマイナス要因があった。「影富」など不正行為の横行である。

影富とは、富くじの「一の富」の当たり番号を予想した賭けごとだった。現在の宝くじでいうと、購入者が番号を自分で決められるロト6やナンバーズに似ている。

影富は幕府の許可を得たものではなかったが、寺社が主催する富くじよりも格安で富札を買うことができた。そのため、江戸っ子が影富に走る結果を招き、富くじの不振に拍車がかかってしまう。

そして、天保13年（1842）、幕府は富くじを全面的に禁止する。大金を手に入れることを夢見た結果、身上をつぶす者が続出していたことを問題視したのだ。

こうして、御免富の歴史は幕を閉じることになった。

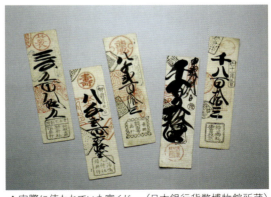

▲実際に使われていた富くじ。（日本銀行貨幣博物館所蔵）

参考文献

『江戸を知る事典』
加藤貴編　東京堂出版　2004 年
『江戸博覧強記』
江戸文化歴史検定協会編　小学館　2007 年
『江戸の町かど』
伊藤好一　平凡社　1987 年
『江戸上水道の歴史』
伊藤好一　吉川弘文館　1996 年
『災害都市江戸と地下室』
小沢詠美子　吉川弘文館　1998 年
『東京都清掃事業百年史』
東京都清掃局　東京都環境整備公社　2000 年
『江戸の食生活』
原田信男　岩波書店　2003 年
『日本ヴィジュアル生活史　江戸の料理と食生活』
原田信男編　小学館　2004 年
『江戸のファーストフード』
大久保洋子　講談社選書メチエ　1998 年
『日本ヴィジュアル生活史　江戸のきものと衣生活』
丸山伸彦編著　小学館　2007 年
『江戸三〇〇年の女性美　化粧と髪型』
村田孝子　青幻舎　2007 年
『三くだり半』
高木侃　平凡社選書、1987 年
『不義密通』
氏家幹人　講談社選書メチエ　1996 年
『江戸の性事情』
永井義男　ベスト新書　2016 年
『江戸の男色』
白倉敬彦　洋泉社新書 y　2005 年
『お伊勢参り』
鎌田道隆　中公新書　2013 年
『江戸東京　職業図典』
槌田満文編　東京堂出版　2003 年
『日本人なら知っておきたい 江戸の商い―朝から晩まで』
歴史の謎を探る会　KAWADE 夢文庫　2007 年
『図説　江戸3　町屋と町人の暮らし』
平井聖監修　学研　2000 年

安藤優一郎（あんどうゆういちろう）

歴史家　文学博士（早稲田大学）
1965年生まれ。江戸をテーマとする執筆・講演活動を展開。JR東日本「大人の休日倶楽部」などで生涯学習講座の講師も務める。
近著に『30の神社からよむ日本史』(日経ビジネス人文庫)、『江戸のいちばん長い日　彰義隊始末記』（文春新書）など。

SBビジュアル新書 0004

ビジュアル版
江戸の《新》常識

2018年10月15日　初版第1刷発行

著　　者	安藤優一郎
発行者	小川　淳
発行所	SBクリエイティブ株式会社 〒106-0032東京都港区六本木2-4-5 営業03(5549)1201
装　　幀	bookwall
組　　版	野中賢(システムタンク)
画像協力	かみゆ歴史編集部
編　　集	木田秀和
印刷・製本	株式会社シナノ パブリッシング プレス

乱丁・落丁本が万が一ございましたら、小社営業部まで着払いにてご送付ください。送料小社負担にてお取り替えいたします。本書の内容の一部あるいは全部を無断で複写(コピー)することは、かたくお断りいたします。本書の内容に関するご質問等は、小社SBビジュアル新書編集部まで必ず書面にてご連絡いただきますようお願いいたします。

© Yuichiro Ando 2018 Printed In Japan
ISBN978-4-7973-9802-1